U0117979

散户
进阶解决方案

SANHU JINJIE
JIEJUE
FANGAN

邓 平◎著

经济管理出版社
ECONOMY & MANAGEMENT PUBLISHING HOUSE

图书在版编目（CIP）数据

散户进阶解决方案/邓平著 . —北京：经济管理出版社，2024. 4
ISBN 978-7-5096-9668-2

Ⅰ.①散…　Ⅱ.①邓…　Ⅲ.①股票投资—基本知识　Ⅳ.①F830. 91

中国国家版本馆 CIP 数据核字（2024）第 080019 号

组稿编辑：张馨予
责任编辑：张馨予　杨　娜
责任印制：许　艳
责任校对：陈　颖

出版发行：经济管理出版社
　　　　　（北京市海淀区北蜂窝 8 号中雅大厦 A 座 11 层　100038）
网　　址：www. E-mp. com. cn
电　　话：（010）51915602
印　　刷：唐山玺诚印务有限公司
经　　销：新华书店
开　　本：720mm×1000mm/16
印　　张：14. 5
字　　数：228 千字
版　　次：2024 年 6 月第 1 版　　2024 年 6 月第 1 次印刷
书　　号：ISBN 978-7-5096-9668-2
定　　价：98. 00 元

目　　录

1　重新认识股市

散户盲目进入股市，遭受踩躏、亏损被套的根本原因在于对股市的认识不正确、不全面、不深入。凡是准备入市，或已在股市中摸爬滚打的股民，都必须要去重新认识股市，补上洞悉股市真相的这一必修课，这是散户炒股成功的第一步。

1.1　炒股可能是世上最难的事

股市很残酷，老股民有切身体会，在股市中赚钱难，把握股市规律更难，克服交易中的人性弱点难上加难。这是散户进入股市之前要明白的，也是笔者屡次劝导身边人不要轻易炒股的终极原因。

1.1.1　炒股投入产出严重不匹配

炒股是一项需要持续、大量付出的工作，股民不仅要学习会计学、经济学、心理学等理论知识，还要花大量的时间去盯盘、复盘和制订操作计划。美国华尔街职业炒手陈江挺在《炒股的智慧》中对炒股的艰辛做了切合实际的描述①：

> 我的经历比较复杂。我养过牛，种过地，在工厂做过机械工程师，在报社做过记者，在美国的餐馆做过多年跑堂，任职过大财团的投资分析员、银行的贷款专员。我还卖过人寿保险，也曾是有牌照的地产交易经纪人。在我的这些经历中，没有一个职业比炒股更为艰难。

人们可能不相信，牛市并不等于所有股民都能赚钱、都能跑赢大盘。事实上，牛市"只赚指数不赚钱，甚至赔钱"的现象屡见不鲜。以 A 股迄今为止涨幅最为明显的 2006 年为例，根据《中国证券报》与大智慧信息技术有限公司联合举办的 2006 年度投资者收益情况网上调查，2006 年，有 70% 的投资者在股市获利，多数被调查者的收益率集中在 20%~50%，有 21% 的投资者获利在 10% 左右，14% 的被调查者获利在 50%~100%，这一群体占据了被调查者的 65%。令人感到惋惜的是，截至调查结束时的当年 12 月 9 日，虽然全年指数涨幅已经接近 100%，但是最终的调查结果只有 5% 左右的被调查者跑赢大盘，全年收益率在 100% 以上。同样令人关注的是，在当年个股几近疯狂的上涨之中，仍然有 30% 的被调查者没有获利，其中更有 2% 的被调查者亏损超过了 50%②。

1.1.2　股市时刻上演着负和游戏

（1）融资是股市最重要功能。

在股票市场发行股票是上市公司筹集资金的最主要途径之一。近年来，国家大力发展资本市场，加大直接融资力度，尤其是伴随着注册制改革的不断推进，A 股上市公司数量快速增加，突破 1000 家整数大关所需的时间快速缩短（见表 1-1）。2000 年 8 月，A 股上市公司数量突破 1000 家；到 2010 年 11 月，经历

---

① 陈江挺．炒股的智慧：在华尔街炒股为生的体验［M］．合肥：安徽人民出版社，2010：9.
② 但斌．时间的玫瑰：全新升级版［M］．北京：中信出版社，2018：201.

了 10 年，A 股上市公司数量突破 2000 家；到 2016 年 12 月，A 股上市公司数量突破 3000 家，所需的时间大幅缩短至 6 年。而后仅仅 4 年，也就是 2020 年 8 月，A 股上市公司数量再上一个台阶，突破 4000 家；突破 5000 家所需时间则更短，到 2022 年 11 月，仅仅花费了两年。

表 1-1　A 股上市公司数量变化

时间	上市公司数量（家）	所需时间（年）
1990 年 12 月	上海证券交易所"老八股"上市	—
1993 年 7 月	突破 100	—
1996 年 12 月	突破 500	—
2000 年 8 月	突破 1000	—
2010 年 11 月	突破 2000	10
2016 年 12 月	突破 3000	6
2020 年 8 月	突破 4000	4
2022 年 11 月	突破 5000	2

（2）不可忽视股票交易税费。

在股票交易过程中会收取一些税费，主要包括交易佣金、过户费以及证券交易印花税等。其中，交易佣金是证券公司收取的费用，按规定佣金不得低于 0.1‰不得高于 3‰，最低 5 元；过户费是成交金额的 0.02‰，由证券公司代收后交给中国证券登记结算有限责任公司；证券交易印花税按成交金额的 1‰在股票卖出时单向收取。当然，股票交易税费在不同时期收取标准略有不同，但总体而言都构成了散户炒股不得不重视的交易成本。

1.1.3　随机性是股市的根本特征

随机性、不确定性、不可预测性是股市的根本特征。影响股市走势的变量太多，如政策发布、利率调整、公司更名、负面消息等都可能导致股价的大幅波动，无法一一列举，也不可能穷尽，在本书后续章节中会有所介绍，可以将其作为本部分的延伸和参考。近年来，我们目睹了中美贸易摩擦、新冠疫情、俄乌冲突、美联储加息等无法预见的突发事件对 A 股造成的冲击。每一次事件，无论是从影响面、冲击力、持续时间还是破坏性上，几乎都没有人能提前预知。

此外，人性也是引致股市随机波动的重要原因。人性是无法预测的，面对变幻莫测的股市，每个人都可能随时随地作出不合理或无法预见的举动，再好的交易模式、再优的计算机模拟模型，也无法把股民的行为或欲望计算到位，这使市场根本无法被准确地预测。物理学家牛顿于 1720 年炒股巨亏后对当时英国的股票市场发出感叹："我可以计算天体运行的轨迹，却无法计算人类的疯狂。"即使是有着"股神"之称的巴菲特，也只预测几年以后的事情。巴菲特曾说："如果您不愿意持有一只股票十年，请不要持有十分钟。"巴菲特的恩师本杰明·格雷厄姆曾说："如果说我在华尔街 60 多年的经验中发现过什么的话，那就是从来没有人能够成功地预测市场波动！"

但是，股市中偏偏就有许许多多的所谓"大牛""大 V""股神"，沉迷于做一些幼稚可笑的预测，并且乐此不疲、永不停歇，还涌现出各种各样的"独门绝技"，甚至用占星术、易经、推背图、神奇数字等方法对股市走势进行分析预测。显然，不管是财经专家、股市大 V，还是普通散户，凡是对股市进行预测的都是被"打脸"者居多。股市的随机性告诉我们：股市里真正对的只有市场，永远要敬畏股市，没有人能够准确预测市场，也不存在所谓的"交易圣杯"，即使我们对交易再有把握，也不要一次性投入所有筹码，去盲目加杠杆，去臆想一夜暴富！我们不要轻信各种五花八门的预测消息，也不能把大量的时间、精力浪费在对股市走势的预测上。要知道，对股市预测的人多了，预测的次数多了，总会有蒙对的时候，但那是偶然、是运气，我们不能把小概率事件当成必然事件。面对股市的不可预测性，我们并不是束手无策，可以通过建立交易体系来应对股市的随机性，用系统的确定性来应对股市的不确定性。

1.1.4 股市见人性

股市中随处可见人性的弱点，比如，人天性怕承担风险，不肯承认失败，当需要在多只股票中选择卖出标的时，一般人都会选择卖掉赚钱的股票，亏钱的股票舍不得卖，而往往是赚钱的股票继续上涨的概率大。再如，很多人爱贪图便宜，在股市中就喜欢买低价股，尤其是买那些从最高价跌了50%以上的个股，感觉自己占了很大的便宜，但事实上，那些低价股大概率还会继续下跌，反而那些高价股继续上涨的概率更大。因此，散户要想炒股成功，就需要坚持修炼心态，克服贪婪、恐惧、骄傲等人性的弱点。事实证明，股市高手之所以能成为交易中的杰出者，是因为他们预估了人性在交易中的各种表现，发现了人性在交易中的弱势，并采取策略主动地逆反了这些人性。

1.2　股价波动的原因

股价凭什么上涨、下跌？股价波动的原因纷繁复杂，一般而言，情绪、资金、业绩分别对短期、中期和长期股价波动的影响较大。

1.2.1　情绪主导股价短期波动

（1）短期看情绪。

股市大咖早就发现：股价短期走势与公司业绩没有直接关系，市场情绪成为股价短期波动的主导。美国橡树资本管理公司创始人霍华德·马斯克提出，投资者心理几乎可以导致证券在短期内出现任何定价，而无论其基本面如何。德国"股神"安德烈·科斯托拉尼更是认为，心理造就90%的行情。理解股价短期波动的原因对于短线操作至关重要。很多短线操作的散户入门难，总是慢人一拍，时常被套，很重要的原因是他们对股价短期涨跌的事实视而不见，陷入了"因果论"的陷阱，总想去找涨跌的原因。事实上，股价涨跌的原因往往是难以找到的，即使找到了那个自以为是的原因，也有很大可能并非真正的原因，而只是事后诸葛亮，捕风捉影，找个理由对号入座而已。此时，股价已经开始运行了，错过了买卖的最佳时机。

（2）情绪是有周期的。

市场是有情绪的，情绪是有周期的。股市在波浪运动的不同阶段，股民的情绪是完全不同的，可能会呈现出恐惧、怀疑、观望、谨慎、乐观、坚信、狂热、疯狂、迷茫、抗拒、幻想、失望、悲观、绝望等诸多状态，并不断循环（见图1-1）。

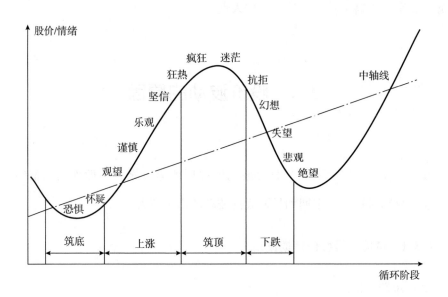

图1-1 股市周期走势及情绪周期变化

市场情绪周期与股价之间往往相互反馈。一般而言，当市场情绪乐观时，股价易涨难跌，一个小小的利好就会引发股价上涨，股价的上涨进一步强化乐观情绪。当市场情绪悲观时，对坏消息风声鹤唳，股价更像断了线的风筝，极容易加速下跌，股价的下跌则进一步强化悲观情绪。因此，当发现市场或者板块形成明显的赚钱效应时，要尊重股价上涨的事实，跟随板块和强势个股操作即可，而不是困于去寻找各种原因，因为涨跌的事实往往比原因更重要。

邱金辉（2011）对股市不同阶段中情绪、业绩、估值等因素对大盘走势的影响程度做了定量化描述（见表1-2）：在牛市见顶时，市场情绪是最疯狂的；在熊市触底时，市场情绪又是最恐慌的。在触底和见顶的两个极端时刻，市场情绪影响程度最大，超过业绩因素和估值因素两者之和。正如金融大鳄乔治·索罗斯说的那样，每一次股市周期，都是在绝望中落底，在疯狂中毁灭。

表1-2 市场不同阶段影响股价的因素 单位：%

市场阶段	触底	早期恢复	牛市中期	牛市见顶	熊市
业绩因素	20	30	40	20	30
估值因素	20	50	30	20	20
政策和情绪	60	20	20	60	50

资料来源：邱金辉. 看透股市：让图表告诉你一切［M］. 上海：上海财经大学出版社，2011：109.

（3）极端情绪致使股价短期暴涨暴跌。

当市场出现极端反应时，股价短期内往往会出现暴涨、暴跌，而此时的股市还是那个股市，公司还是那些公司，产品还是那些产品，折射出的仅仅是人性的贪婪和恐惧。一个典型的例子是，上证指数由2005年6月6日的998.23点上涨至2007年10月16日的6124.04点，暴涨513.49%，仅仅用了2年4个月的时间（575个交易日），但随之而来的是，短短一年的时间里，又从6124.04点跌至2008年10月28日的1664点，跌幅高达72.83%。

大盘如此，个股更是如此。最近一次极端情绪释放要数2015年的千股跌停。2015年6月19日至9月15日的三个月时间内，我国股市出现了16次千股跌停；如果以交易日计算，则是平均4个交易日就会见到一次千股跌停，给股民上了一堂代价高昂的市场极端情绪体验课。值得庆幸的是，市场的极端情绪不会在一个点停留太久，在股价上往往表现为暴跌之后暴涨，暴涨之后暴跌。

1.2.2 资金影响股价中期走势

我国A股存在明显的资金市特点，资金决定股价的中期趋势。用"资金是水、股市是船"来形容资金与股市之间的紧密关系并不为过。一般而言，市场资金趋松，有利于股市上涨；市场资金趋紧，会促使股市下跌。进一步地，在不同的市场趋势中，资金对股价的影响存在明显差异。在下跌趋势中，即使是有关部门出台再多的刺激政策，只要没有大规模的实实在在的增量资金入市，就很难逆转趋势。在上涨行情中，只要资金出现实实在在的收紧，上涨行情就会戛然而止。在震荡市中，如果没有增量资金的加入，存量资金不可能带来股市的持续性上涨，只会带来结构性行情。

资金对股市的影响在 2015 年展现得淋漓尽致（见图 1-2），融资融券余额与上证指数走势几乎一致，可谓是"成也杠杆，败也杠杆"。2015 年上半年，当时宏观经济层面并不支撑一轮波澜壮阔的牛市行情，但是场内融资、场外配资、伞形信托等大量资金流入股市，其中，融资融券余额由年初的 1 万亿元飙升至 2.2 万亿元，上证指数则从 2015 年初的 3258.63 点上涨到 6 月 12 日的 5178.19 点，创下新高，这是我国证券市场有史以来最大的资金杠杆推动的股票牛市。在高峰时期，A 股日成交量维持在 1.5 万亿元之上，最高时达到 2.2 万多亿元，刷新了人类历史日成交量纪录。但是，2015 年 6 月 12 日证监会要求证券公司自查信息系统外部接入及场外配资情况，成为杠杆牛市结束的直接导火索，随后 A 股开启暴跌模式。2015 年 6 月 15 日至 7 月 8 日的短短 17 个交易日，上证指数大跌 32%，创业板指数大跌 39%，两市一半的股票跌幅超过 50%。高杠杆客户大多被强制平仓或被逼补仓，平仓盘反过来又加速了股市的下跌，股市直至 8 月底跌至 2850 点时才见底，融资融券余额也恢复至 1 万亿元左右。

就个股而言，上涨也必须要有资金推动。没有资金的推动，再好的赛道、再宽的"护城河"、再好的业绩、再低的估值，股价也涨不上去。当发现公司股票被社保基金、养老基金、牛散等资金大量买入时，我们跟随买入盈利的概率较大。

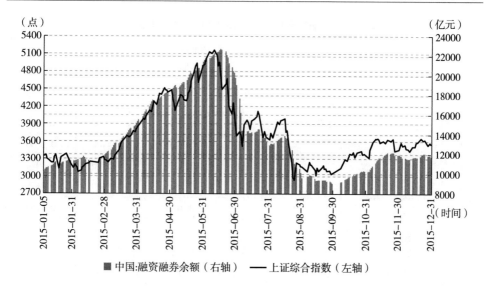

图 1-2　2015 年融资融券余额与上证指数走势

资料来源：Wind。

例如，联特科技（301205. SZ）主要产品为光模块，拥有光芯片集成、高速光器件以及高速光模块设计、生产的核心能力，在高速信号设计和仿真、光学仿真和光耦合工艺领域掌握了相关核心技术，2023 年上半年以 768.83% 的涨幅成为"牛魔王"。虽然股价上涨有众多原因，主流媒体认为是 6G 科技革命利好刺激，但是我们可以从其十大流通股东上发现一些端倪。

2023 年一季报显示，联特科技（301205. SZ）十大流通股东均为新进股东（见表 1-3），而且十大流通股东合计持股占流通 A 股比例高达 8.0633%，说明新进股东对该公司具有较高的认可度。事实上，联特科技（301205. SZ）2022 年三季报、2022 年报显示的十大流通股东均为新进或增持，机构或个人已表现出强大的认可度。其中，2022 年报显示，在十大流通股东中，九大流通股东为新进，一大股东为增持，累计持股 93.09 万股，合计持股比例为 5.1659%。

表1-3 2023年联特科技（301205.SZ）一季报十大流通股东

排名	股东名称	类型	期末参考市值（亿元）	持股数量（股）	占流通A股比例（%）
1	惠升惠泽灵活配置混合型发起式证券投资基金	新进	0.2482	299100	1.6598
2	高盛集团	新进	0.2042	246100	1.3657
3	陈志伟	新进	0.1451	174900	0.9706
4	陈巧玲	新进	0.1208	145500	0.8074
5	汐合AI策略1号私募证券投资基金	新进	0.1115	134400	0.7458
6	黄晨	新进	0.1071	129000	0.7159
7	专属商业养老保险产品	新进	0.0719	86600	0.4806
8	饶伟	新进	0.0681	82000	0.4550
9	中国国际金融股份有限公司	新进	0.0660	79499	0.4412
10	陈济铨	新进	0.0630	75900	0.4212
	合计		1.2058	1452999	8.0633

资料来源：Wind。

1.2.3 业绩决定股价长期趋势

虽然从中短期来看，题材、概念、资金是股价上涨的重要因素，但是长期而言，业绩是股价长期上涨的最根本推动力。

（1）股市长期是称重机。

价值投资之父——巴菲特的老师格雷厄姆用一句话深度概括了股票市场："股市短期是一台投票机，股市长期而言是一台称重机。"股民一定要明白：业绩亮眼是股价上涨的核心动力，股价长牛的前提一定是公司业绩长牛。没有实实在在的业绩做支撑，不管什么题材、概念的炒作都是一时的，难以有长时间的优异表现，股价无一例外地从哪里涨上去又跌回到哪里，呈现倒"V"形走势。但这也并不意味着业绩好的公司股票就可以立马买入，这样就显得过于简单和轻巧，股市就会成为那些财务专家的"提款机"。事实上，业绩与股价之间的变化并不同步，也不是一一对应的关系。如果不理解这一点就很容易做出错误的决定。

（2）业绩好的度量。

准确判断上市公司业绩好坏是很难的，不要过于相信所谓的专业机构或专家，他们同样也做不到。一般而言，高净资产收益率、高毛利、现金流充裕是公司业绩好的主要体现。

第一，高净资产收益率。净资产收益率（ROE）是企业一定时期内净利润与平均净资产（所有者权益）的比率，该指标反映了企业所有者所获投资报酬的大小。巴菲特曾说过："如果非要我用一个指标进行选股，我会选择 ROE，那些 ROE 能常年持续稳定在 20% 以上的公司都是好公司，投资者应当考虑买入。"东吴证券对 2000 年 1 月 1 日至 2020 年 6 月 30 日以来十倍股的特征进行分析发现，十倍股净资产收益率过去 20 年的均值（中位数）为 12.8%，明显高于全部 A 股的均值（中位数）（6.6%）。杜邦拆解发现，净利率高是十倍股高净资产收益率的主因。此外，资产周转率也有较大贡献。其中，十倍股销售净利率均值（中位数）为 9.8%，明显高于全部 A 股的均值（中位数）（6.0%）①。

第二，高毛利。毛利率是衡量企业盈利能力的重要指标。高毛利率意味着公司的产品或服务竞争力很强。一般来说，毛利率大于 40% 的公司是产生十倍股的摇篮。贵州茅台（600519. SH）是高毛利率的典型代表，自 2008 年以来（除2017 年之外）销售毛利率均保持在 90% 以上，这主要是因为原料基本上是用当地的高粱加赤水河水酿造，来源广泛，不易提价，而产品下游供喜庆、节假日等的消费，他们对价格不太敏感，特别是对某些阶层，越贵越有面子。更重要的是，生产技术没有大的变化，生产设备相对简单，在研发上也不需要持续投入很多的资本。

第三，现金流充裕。现金流是企业的血脉，充裕的现金流可以更好地支持公司的业务发展，为公司成长及扩张提供扎实的推动力。东吴证券对 2000 年 1 月 1 日至 2020 年 6 月 30 日以来十倍股的特征进行分析后发现，十倍股的现金流更加充裕，其经营活动产生的现金流占比营收的均值（中位数）为 9.4%，明显高于

① 东吴证券. A 股十倍股群像——十倍股系列（1）[R]. 2020.

全部 A 股的均值（中位数）（7.9%）。分行业看，十倍股现金流占营收比例也均高于同行业水平。

1.3　不可不知的 A 股特色

与发达国家相比，我国股票市场发育较晚，散户如果不了解 A 股特色，就难以与我国股市长时间共舞。

1.3.1　市场投机氛围浓厚

我国股市投机氛围浓厚的原因是多方面的，市场参与者结构不合理是其重要原因之一。华西证券的《2023 年 Q1 A 股投资者结构全景图剖析》显示，按流通市值口径测算，个人投资者流通股持股占比依然较高，达到 30.73%，仅次于一般法人流通股持股占比，而养老金、证券机构、信托机构等机构投资者持股市值占 A 股流通市值分别仅为 1.83%、0.98%、0.63%，合计占比不到 3.50%。显然，相较于美国股票市场机构投资者持股市值占 60% 的比例，我国 A 股机构化的程度明显偏低。以散户为主的股票市场，由于散户投机心理强，非理性行为时有发生，投机之风也有所盛行，导致少数个股短期内波动剧烈。尤其是下跌的时候，散户容易形成"羊群效应"。

对于大多数投资者而言，"退市"是避之不及的敏感词。重仓或满仓不慎买到退市股，那将步入万劫不复的境地，对股票账户而言是"团灭"。但是，即使面对常态化退市机制和退市股恢复上市难度高的"双重"压力，那些自以为聪明的散户不顾监管层不断的风险警示，仍然报以极大的侥幸去炒作退市股，这纯粹是"送钱"，几乎 100% 地被埋（见表 1-4）。例如，金刚退（300064.SZ）在退市整理期次日（2022 年 6 月 7 日）至整理期结束日（2022 年 6 月 24 日）的

14 个交易日中涨幅高达 76%，而最新的股东户数资料显示，2022 年 6 月 20 日仍有 1.744 万户股东参与其中，户均持股市值 8.36 万元。

表 1-4　2022 年部分退市股退市整理期的股价表现

证券代码	证券简称	首日涨跌幅（%）	次日至结束日区间涨跌幅（%）	A 股户数（户）	流通 A 股户均持股数（股）	户均持股市值（万元）
300064.SZ	金刚退	−50	76	17440	39921.43	8.36
600870.SH	退市厦华	−89.58	62.16	9369	55843.70	3.35
600652.SH	退市游久	−21.57	48.75	48191	17279.23	1.92
600209.SH	退市罗顿	−60.1	42.17	20543	21370.35	8.68
000611.SZ	天首退	−69.16	29.91	14346	22265.11	9.00
600385.SH	退市金泰	−71.77	27.66	6883	20742.96	12.78
600291.SH	退市西水	−58.96	25.35	63900	17105.86	6.40

注：根据《上海证券交易所股票上市规则》（2022 年 1 月修订）的相关规定，公司收到证券交易所股票终止上市的决定后有 15 个交易日的退市整理期。处于退市整理期的股票，首个交易日无价格涨跌幅限制，此后 14 个交易日每日涨跌幅限制为 10%。退市整理期届满后 5 个交易日内，股票被上海证券交易所摘牌，终止上市。

1.3.2　股市"地雷"防不胜防

A 股"地雷"种类繁多，眼花缭乱，不胜枚举。从风险类型来看，有些是与国家政策相关，如 2016 年的熔断事件；有些是与产品安全有关，如 2008 年的三鹿奶粉事件、2012 年的塑化剂风波；还有一些是战争、地震等重大的不可抗力事件所致，如 2020 年开始的新冠疫情、2022 年开始的俄乌冲突。下面的白酒塑化剂事件案例可以让我们初识股市"地雷"（更多内容参见本书 3.2.1）。

2012 年 11 月 19 日上午，号称"天下第一酒"的酒鬼酒被曝出"塑化剂含量超标高达 260%、毒性是三聚氰胺的 20 倍"，酒鬼酒股票于开市起停牌。19 日收盘，申万白酒板块出现集体暴跌，市值蒸发 326 亿元。其中，老白干跌 10.01%、舍得酒业跌 7.91%、金种子跌 7.65%、水井坊跌 7.09%、泸州老窖跌 6.13%。事件曝光后的 11 个交易日内，白酒板块市值蒸发 1000 亿元，被称为

"白酒股的最黑暗时刻"。从处于风口浪尖的酒鬼酒来看，虽然从塑化剂事件当天开始连续停牌了 4 个交易日，回避了板块的大跌，但是在 2012 年 11 月 23 日复盘后连续跌停，截至 2012 年 12 月 3 日，7 个交易日内累计跌幅为 42.58%。

塑化剂事件给白酒板块带来了重大的负面影响，在随后的一年半时间里，白酒板块持续低迷。截至 2014 年 6 月 19 日，申万白酒板块市值在 1 年 7 个月内累计蒸发 2803 亿元，累计跌幅为 44.16%，其中，酒鬼酒跌 77.95%、水井坊跌 69.96%、山西汾酒跌 64.69%、金种子跌 61.69%（见图 1-3）。

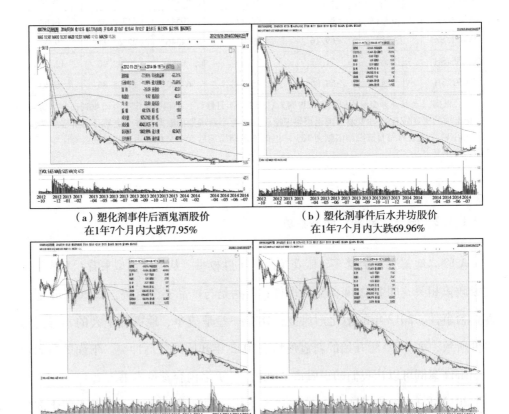

（a）塑化剂事件后酒鬼酒股价
在1年7个月内大跌77.95%

（b）塑化剂事件后水井坊股价
在1年7个月内大跌69.96%

（c）塑化剂事件后山西汾酒股价
在1年7个月内大跌64.69%

（d）塑化剂事件后金种子股价
在1年7个月内大跌61.69%

图 1-3　塑化剂事件影响

1.3.3　难以摆脱的政策市

（1）政策市的前世今生。

大多数股民都认同"看懂政策市才能看懂股市"的说法，但是他们往往不去研究政策的调控方式、政策效果以及底层逻辑。事实上，政策是一国政府实施宏观调控的重要手段。相对于较为成熟、健全的欧美股市而言，我国股市还不成熟、不健全。回顾我国股市发展历史，在建立之初就肩负着为国有企业脱贫解困的使命。近年来，我国股票市场自身的调节能力不断增强，但是当股市的暴涨暴跌对经济社会的影响较大时，政府必将进行逆周期调控。在可预见的未来，政策市仍将长时间存在。

（2）政策干预效果。

政府干预股市的政策工具是多种多样的，产业政策、货币政策、财政政策等都会对股市产生直接或间接的影响。为了更好地适应政策市，散户需要把握以下几点：

第一，不要怀疑政策效果。从历史经验看，股市与政策的博弈最终胜出的是政策，政策效果暂时不明显并不代表没有效果，只是政策的影响需要一个由量变到质变的过程。这一点广大散户需要有清醒的认识，千万不要在股市的大底部过于恐慌而割肉退出，也不要在股市的大顶部过于高兴而重仓持股。

第二，政策效果因时而异。同样的政策在不同的时点出台对股市的影响截然不同。在股市的重要拐点附近，一些看上去针对性并不是非常强硬的举措，也会产生"蝴蝶效应"，使股市发生巨变。例如，在2015年股市最疯狂的时候，证监会突然宣布彻查杠杆配资是导致市场方向随之急转直下的导火索。

第三，各种政策对股市的影响是不同的。有的政策立竿见影，而有的政策则影响有限。其中，IPO、利率、证券交易印花税等政策对股市产生的影响更为直接。

第四，政策不改变股市长期走势。股市的上涨与下跌有其内在的运行规律，政策顶多只能使中短期走势出现大的转折，但最终不会改变长期走势。

（3）两则有关"政策市"的案例。

案例一：2007年股灾。

2007年5月30日的股灾是政策干预股市影响最为明显的事例之一，当时的人们惊恐、心痛、彷徨，乃至每年的5月30日都会有人旧事重提。

在人民币升值、股权分置改革等多种因素的作用下，上证指数从2005年6月的998.23点一路上涨到2007年5月29日的4335点，垃圾股股价都在不停上涨，股市泡沫越吹越大，全民炒股的风越吹越猛。政府看在眼里急在心里，在禁止公务员炒股、各报纸屡次发表评论而效果不显著的情况下，5月30日，财政部宣布证券交易印花税税率由1‰上调至3‰。当日，沪深股市放量暴跌，上证指数下跌6.5%，深证成指下跌6.16%，市值蒸发1.23万亿元；仅有68只股票上涨，下跌股票多达1234只，占股票总数的94.78%；967只股票跌停，占股票总数的74.27%。此后的几个交易日，绝大多数股票延续大跌走势（见表1-5）。据统计，2007年5月30日至6月4日的4个交易日共有508只股票跌幅超过30%。按跌停10%计算（当时创业板和科创板均没有上市），连续4天跌停后的累计跌幅为34.39%，那么连续4天跌停的股票高达68只。

表1-5 2007年股灾中A股表现

日期	大盘涨跌幅		内地跌家数			
	上证指数涨跌幅（%）	深证成指涨跌幅（%）	下跌数（家）	下跌股票占比（%）	跌停数（家）	跌停股票占比（%）
2007年5月30日	-6.50	-6.16	1234	53.93	967	42.26
2007年5月31日	1.40	2.51	973	55.44	400	22.79
2007年6月1日	-2.65	-3.95	1169	54.60	804	37.55
2007年6月4日	-8.26	-7.76	1303	56.07	992	42.69

资料来源：Wind。

案例二：设立上海自贸区。

2013 年 8 月 22 日，国务院正式批准设立中国（上海）自由贸易试验区。上海自贸区是我国第一个自贸区。该消息曝光以后，上海自贸区概念展开了一轮上涨行情，成为当年最大的主题性投资机会。数据显示，自 8 月 23 日至 9 月 25 日，上海自贸区概念整体涨幅已经超过 130%，成交金额达 2235 亿元，换手率为 64%。从个股来看，上港集团（600018.SH）、陆家嘴（600663.SH）、浦东金桥（600639.SH）涨幅靠前，均实现了翻倍上涨（见表 1-6）。

表 1-6　2013 年 8 月 23 日至 9 月 25 日上海自贸区概念区间涨幅

证券代码	证券简称	开盘价（元/股）	收盘价（元/股）	最高价（元/股）	区间涨跌幅（%）
600018.SH	上港集团	2.81	6.93	7.50	171.76
600663.SH	陆家嘴	11.90	27.36	27.36	136.68
600639.SH	浦东金桥	8.88	17.07	17.07	102.73
600650.SH	锦江在线	7.06	12.99	14.40	93.30
600626.SH	申达股份	3.56	6.16	7.58	78.03
600119.SH	长江投资	9.39	15.97	17.43	74.54
600748.SH	上实发展	6.19	9.93	11.24	61.73
600895.SH	张江高科	5.92	9.41	10.28	61.68
600708.SH	光明地产	5.47	8.56	9.55	60.60
600278.SH	东方创业	8.22	12.17	13.42	53.27

注：不复权。

资料来源：Wind。

从政策发布的次日即 2013 年 8 月 23 日到 9 月 2 日的 7 个交易日，上海自贸区概念股的涨幅令人叹为观止，更让人感觉到政策的巨大威力：锦江在线（600650.SH）连续 7 个涨停板，累计涨幅 94.64%；上港集团（600018.SH）连续 6 个涨停板，7 天触及涨停板，累计涨幅 88.24%；光明地产（600708.SH）3 个涨停板，5 天触及涨停板，累计涨幅 66.23%；浦东金桥（600639.SH）连续 5 个涨停板，6 天触及涨停板，累计涨幅 64.85%；陆家嘴（600663.SH）连续 5 个涨停板，6 天触及涨停板，累计涨幅 55.88%。

1.3.4 "躺平"的日子不再有

不管是国内还是国外，买入股票"躺赢"的新闻时有报道。在这些新闻报道中，往往采用"偷梁换柱"及"选择性解释"的分析手段和文字游戏，对那些涨幅较小、下跌，甚至退市的股票少有提及，仅仅选择性地将那些幸存且大涨股票作为样本报道，一些不明真相的散户很容易被误导，以为炒股很简单，买入一只便宜的股票持有 5 年、10 年甚至更长时间就可以"躺赢"，实现 N 倍涨幅的盈利。事实上，散户采取买入"躺赢"策略基本上是无法做到的，因为让该策略发挥作用至少需要满足"没有退市""涨幅较大""耐心持有"三个条件。

（1）没有退市。

这是买入"躺赢"策略起作用的第一个条件，也就是说散户买入的上市公司股票 N 年后没有退市，仍然存在。假如买入的股票在"躺平"期间退市，那么一切将化为乌有。事实上，自 2020 年底交易所发布一系列退市新规以来，A股市场退市节奏不断加快，常态化退市机制已逐渐形成。数据显示，1999～2019年的 20 年，仅有 60 多家公司被强制退市。从 2020 年开始，A 股市场被强制退市的公司逐年增加，2020 年为 16 家、2021 年为 17 家、2022 年为 42 家，不断创下历史新高。据不完全统计，2023 年上半年已经退市的上市公司将近 50 家，资本市场"吐故纳新"格局进一步强化。但是，相较于美国、英国等发达资本市场，这方面仍有较大的提升空间。华西证券研报显示①，2007 年至 2018 年 10月，纳斯达克（美国）、纽约证券交易所（美国）、加拿大 TMX 集团和德国证券交易所的退市率均在 6% 之上，伦敦证券交易所退市率更是高达 9.5%，而泛欧证券交易所、纳斯达克（北欧）、瑞士证券交易所和澳大利亚证券交易所的退市率也在 4%～5%，远远高于上海证券交易所 0.3% 和深圳证券交易所 0.1% 的退市率。随着退市新规的全面落实，退市成为一种常态。对那些买入持有 N 年不闻不

---

① 华西证券.退市新规出大户，强化优胜劣汰——沪深交易所修订退市制度点评［R］.2020.

问、不看不动的股民来说，买入退市股的概率比以往更大。股票退市之后，要想恢复上市，虽然制度允许，但是"悲剧"才是"主旋律"。绝大多数退市公司重新上市困难。根据 Wind 数据分析，2019 年至 2022 年 10 月底，累计恢复上市的公司才 4 家，累计退市的公司 92 家，退市公司数是恢复上市公司数的 23 倍。也就是说，退市后只有 4.35% 的概率恢复上市，可以说是寥寥无几。

（2）涨幅较大。

买入的股票能够穿越时间周期实现较大幅度的上涨是买入"躺赢"策略起作用的第二个条件。选到涨幅较大的股票本身就是一件十分艰难的工作，即使是那些被普遍认为具有长期投资价值的行业龙头股，如果买入的时点不对，那么持有 N 年之后涨幅较小甚至低于买入价也属常事。比如：三一重工（600031.SH）是工程机械行业龙头，如果在 2010 年末或 2011 年初的高点买入，那么接下来将近 10 年都没有回报；苏宁电器（ST 易购 002024.SZ）被称为"家电连锁第一股"，如果在 2007 年买入之后一直持有不动，那么 15 年后将是颗粒无收，甚至还亏损；招商银行（600036.SH）有着"商业银行第一股""银行业的茅台"的美誉，如果在 2007 年下半年买入，那么要等到 10 年后的 2017 年才超越之前的高点；比亚迪（002594.SZ）是新能源汽车龙头，如果在 2015 年第二季度买入，那么要到 2020 年下半年才能突破买入价。具体如图 1-4 所示。

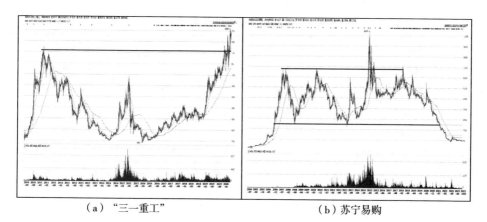

（a）"三一重工"　　　　　　（b）苏宁易购

图 1-4　持有 N 年涨幅较小甚至低于买入价的股票举例

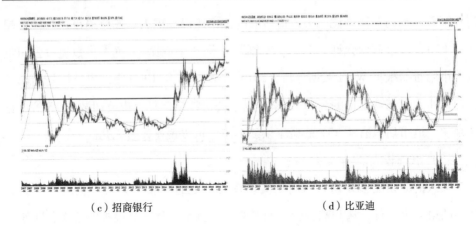

（c）招商银行　　　　　　　　　　　（d）比亚迪

图1-4　持有 N 年涨幅较小甚至低于买入价的股票举例（续图）

（3）耐心持有。

我国股市"牛短熊长"①：牛市持续时间约 2.1 年，熊市持续时间约 3.6 年，熊市时间是牛市时间的 1.71 倍（见表 1-7），而这仅仅是指数的时间跨度。在上文已经提及，买入那些行业龙头股亦可能 10 年甚至更长时间颗粒无收，试问采取买入"躺赢"策略的散户，这样的"死多头"有几个人做得到？要是在"牛""熊"转换初期或者熊市中期买入股票，那么熊市会告诉散户什么才是熊市的漫长、无奈和痛苦。

表1-7　亚洲主要股指牛熊情况

指数名称	牛市时长（年）	熊市时长（年）	牛熊时长比
上证指数	2.1	3.6	0.6
恒生指数	2.3	1.0	2.3
日经225	2.7	1.7	1.6
韩国 KOSPI	2.7	1.7	1.6
富时新加坡海峡时报指数	4.8	2.0	2.4

资料来源：华宝证券．从历次牛熊周期看当下 A 股的配置价值——量化择时与资产配置月报［R］．2019.

---

①　荀玉根．荀玉根讲策略：少即是多［M］．北京：机械工业出版社，2021：202-203.

2 客观审视自我

亚当·史密斯（Adam Smith）在《金钱游戏》中打趣道："如果你不知道自己是谁，那么去华尔街对你来说代价太过高昂。"散户要想炒股成功，除要正确认识股市之外，更重要的是要向内求，更多地了解自己，这样才可以拥有财富，规避风险。

2.1 亮亮炒股成绩单

随着科技的发展，不断完善的交易软件方便了我们甄别股票。我们不妨回顾一下自己的炒股成绩。这当然需要一定的勇气。大多数交易软件都提供每日、每周、每月、每年、最近 N 年等不同时期的交易详情。以华泰证券的涨乐财富通 APP 为例，该交易软件提供了"今日""本月""今年""近半年""近两年""2014 年以来"的交易情况（见表 2-1）。

我们可以先看看总成绩，也就是从入市以来的业绩（如果能查到的话）或者软件提供的历史累计收益。我们可能不敢相信自己的这份成绩单，会发出很多疑问："我怎么亏损这么多？""为何收益那么低？""竟然还没跑赢大盘？"等等。

这时，先不要着急，也不要为过往的股市成绩后悔，因为我们已经迈出了成功的第一步：敢于面对真实的自己。

表 2-1　涨乐财富通交易记录

项目	主要内容
我的收益	一定时期内的盈亏金额、盈亏比例，以及与其他股民相比的收益情况，如本月收益率跑赢了百分之多少的乐友
投资表现	用雷达图的形式从盈利能力、收益稳定、风险控制、标的选择、配置能力五个方面揭示，每一个方面都有与其他股民、与自己去年同期的比较情况
收益走势	一定时期内自己账户（分为股票、现金、债券、基金四大类）和指数（包括上证指数、深证指数、创业板指数、国证A指、沪深300等）的收益走势（%），以及两者之间的相对表现（个人账户跑输/跑赢指数的百分比）
收益日历	每年、每月、每日的收益额和收益率
收益贡献	一定时期内股票、现金、债券、基金和其他共五种类别的收益额、累计收益率
盈利排行	一定时期内盈利、亏损总金额及具体个股的盈利额/亏损额和收益率
资产变动	一定时期内期初资产、转入、转出、盈亏及期末资产金额情况
资产分布	按行业和概念两个类别展示一定时期内资产分布的百分比，以及具体行业和概念及其个股的盈利情况

但是，这仅仅只是开始而已，接下来还有更重要的事情去做，即需要分析每年成绩单的变动趋势，需要弄清楚与大盘相比，我们是跑赢了大盘还是跑输了大盘，成绩单是比较稳定还是波动较大，是稳步爬升还是逐渐下降。

进一步地，我们需缩短研究的周期，去了解每一个季度、每一个月甚至每周、每日的交易成绩，就会明白这一年成绩好坏的原因。在此基础上，最好还有其他更细的分析，如同比分析，是否存在哪几个月容易亏损，哪几个月容易赚钱的情况，是否存在中小板、创业板、科创板的股票赚钱较多的情况，哪几只股票容易亏损而哪几只股票容易赚钱，是持股6个月、1年甚至更长时间的中长期交易模式容易赚钱，还是持股1个月、半个月、一周甚至更短的短线操作更容易赚钱。如果我们有做交易笔记的习惯，可以逐笔分析自己的交割单，分析总结买进、卖出、仓位、交易心理等。

总之，我们只要一步一步地深入分析、解剖原因，就会发现这项工作远比多阅读几本股票书籍、多研究几个指标、多看几条新闻等更有价值、更有意义！我们可能会有这样的感受，常常会被自己过去的"无知"惊呆，甚至不认识自己以前为何会这样操作，简直不敢想象这是自己。

2.2　扪心自问原因何在

我们都知道，要解决一个问题，必须真正了解它的起因。大量证据表明，大多数人其实并不了解自己的思维模式以及行为方式。散户经常被割"韭菜"，但很少有散户静下心来与自己聊聊天，系统思考自己的操作是否有错，问题出在哪里，又为何会出现这种错误。笔者把在股市中重复犯的错归结为六大类或者称为散户亏损的"六宗罪"。

2.2.1　错误理念害死人

理念是行动的先导。散户错误的理念、错误的思维方式是导致错误行为、错误结果的罪魁祸首，是散户炒股成功之路上的绊脚石。在众多的错误炒股理念中，尤以暴富心态、完美主义、过度自信对散户的危害最大，必须予以改正。

（1）暴富心态。

绝大多数散户炒股就是为了赚钱，但如果不切实际地一心想着轻松、快速"赚大钱""一夜暴富"，那就是件很危险的事情了。我们可以问那些新股民（如果是老股民，亦可回想初入股市的那些想法）每年的炒股收益率多少才算合适，他们往往对8%~10%的年化收益率不屑一顾。他们觉得自己一年赚20%有点低，50%以上才算正常，一年翻倍、3倍也是完全可以的。暴富心态必然导致心理防备放松，追涨杀跌、频繁交易、重仓操作甚至杠杆交易等股市大忌就接连发生，结果是连10%的年收益率也难以实现。

我们来看看暴富心态所导致的频繁交易对账户的损害吧！假若每周都全仓买卖一次股票，每次按卖出部分收取印花税0.1%，券商佣金买入和卖出都收取0.02%，那么一周合计产生的手续费是0.14%，一年按52周计算，一年下来的交易费用就高达7.28%。别小看7.28%，这可是大多数股市高手长期投资的收益率水平。我们可能听说过频繁操作是炒股亏损的重要原因之一，但对频繁交易的糟糕结果没有这么直观的数字概念，笔者在炒股的初期阶段也深受其害而未察觉，所以强烈建议散户去汇总分析一下自己股票账户一年的交易费用，或许有更深的体会。

曾有期货公司风控总监对客户的交易结果进行了分析：85%的盈利来自5单以内的盈利，这5单的特点是持有两个月以上；每日交易10次的客户，三年平均收益率为-79%；每日交易5次以上的客户，三年平均收益率为-55%；每日交易1次以上的客户，三年平均收益率为-31%；每日交易0.3次的客户，三年平均收益率为12%；每日交易0.1次的客户，三年平均收益率为59%。

这些虽然是期货的情况，但其实对于股市也一样适用，本质都是阐释频繁交易的莫大害处。

频繁交易除增加投资者的交易和税收成本外，更主要的是增大了投资出错的概率。频繁交易的散户往往选择波动较大、近期热门的股票操作，目的是追求短期暴富，然而很不幸的是，大亏出局的居多。亚马逊创始人贝佐斯曾经问巴菲特："你一直公开自己的投资原则，而且听起来也不是很难，那为什么没有几个人能学会并赚到钱呢？"巴菲特回答说："因为没有人希望自己慢慢变得富有。"现实生活中，几乎所有散户炒股一段时间后，当初的"快速赚大钱"梦想变成了"回本""解套"。我们不妨记住并验证：短期暴富思想逐渐弱化的过程就是散户炒股不断成熟的过程，随之而来的是，股票账户由大亏到小亏小赚，最后到大赚的过程。

（2）完美主义。

很多散户都有完美主义的倾向，整天纠缠于细枝末节，试图抓住每次投资机会，总想"买在最低、卖在最高"，希望"逃牛顶，抄熊底"，甚至想找到一劳永逸的"投资圣杯"；也有一些散户试图寻找到一套适用于各种市场、板块、风格的"万能型""通用版""全天候"的盈利模式。然而，这些想法都是不可能实现的，所有的付出也都将是徒劳的。对此，笔者建议大家认真品读本·卡尔森在《投资者的心灵修炼》中的这段话：

> 没有所谓的完美投资组合、傻瓜投资方式、最佳的资产配置、最合适的风险水平或最佳买卖时机。放弃所有希望在金融市场上找到最佳运转模式的想法。没有一成不变的关系或规则会永远管用。完美的投资策略只存在于营销宣传中。你自己独特的情况和人格类型决定你的投资理念。没有哪种投资风格适用于所有人。

事实上，股市中不需要完美，只要看清大势，抓住主流，往往"模糊的正确"更能取得好的投资收益。

（3）过度自信。

每个人都有过度自信的倾向，新股民更是如此，以为自己比大多数人更聪明、更有水平、更容易抓住机会，而实际上他们就是大多数人。那些过度自信的散户相信自己是幸运儿：看到别人加杠杆炒股爆仓，感觉自己运气比他好，相信自己不会遭殃，至少不会比他更惨，依然加杠杆操作；相信自己选择了非常好的股票，采用所谓的满仓杀入；即使当股价出现了上涨乏力、巨阴线、跌破重要支撑位等强烈的卖出信号时，仍然找种种借口和理由继续持股，如大盘趋势向上、行业发展良好、公司产品销售良好等，安慰自己股价只是一时下跌，过不了多久就会创新高。

还有一些股市之外的精英，如大学教授、企业高管、老板，更容易把炒股之外的所谓成功经验移植到股市当中。他们会很自觉地认为自己对国家政策、经济规律、会计报表、企业管理、市场供需等无所不知，但是进入股市才明白为何亏损的总有自己。

一旦过度自信占据主导，纪律就会被抛在脑后，亏损就随之而来。笔者的经验是，每当非常自信地重仓买入股票的时候，往往就是亏损的开始，而每当谨小慎微地分仓买入股票的时候，绝大多数是以盈利收场。

2.2.2 不知规则真要命

索罗斯说过："风险来自无知！"由于规则只要通过"学"即可知晓，因此对股市规则的无知是最粗浅、最低级的无知，但这也导致众多散户步入万劫不复的深渊。

认股权证是一种约定该证券的持有人在规定的某段期间内，有权利（而非义务）按约定价格向发行人购买标的股票的权利凭证。如果认股价格高出正股的股价，意味着现在购买 1 股权证还不如现在就直接购买股票来得划算和方便，也就是说，此时的权证毫无投资价值。2011 年 8 月 11 日，随着四川长虹权证交易结束，我国 A 股市场暂时告别权证时代。股龄相对较短的散户可能对权证交易少有耳闻，但权证交易作为以高风险、高收益而著称的交易品种，由于散户对于权证交易知识的匮乏，使很多投资者为其无知交了昂贵的"学费"。

150 万元买到废纸一张 权证末日轮闹剧何时休

2009 年 8 月 21 日 中国证券报—中证网

本报记者 王成盛 马庆圆

"没有价值怎么收盘价还 9 毛多？我不懂，难道其他人也都不懂吗？"在持有权证价值归零后，一头雾水的南京李先生，坚决不相信这一现实，不断地在电话中反问。

"我不懂你们的行权公告是什么意思，你教我怎么把权证中剩下的钱转成股票吧。"四川的赵小姐依然悠闲地在电话里咨询。

"我们账面上的权证价格归零了,那这部分钱哪里去了?是你们公司拿了还是证券公司拿了?你们要是拿了钱,也应该给我们分一点做补偿啊。"北京的一位投资者有些"激愤"。

以上是《中国证券报》记者19日在中远航运证券部听到的电话,这一天该公司共抽调八名工作人员充当接线生,证券部俨然变成了"呼叫中心"。

18日是中远CWB1的最后一个交易日,这只已经形同废纸的认股权证仍以0.957元/股的价格收盘。按照中远CWB1的设计,权证持有人可以在8月19日到25日以19.26元/股的价格按1:1.01的比例认购中远航运正股。而中远航运18日收盘为11.71元/股,即便中远航运在5个行权交易日内连续涨停,也只能达到18.86元/股。

因此,18日中远CWB1的理论价值显然是零。然而,权证停止交易后一些不明就里的持有者心急火燎地打来电话,咨询前述问题。而在这些投资者当中,有一位竟然在18日买入了150万元的中远CWB1。

事实上,中远航运早在半个多月前就不断提示该权证风险,主承销商广发证券也多次在报刊上提示权证投资风险,在很多证券资讯系统中也有提示,但还是不断有投资者冲进市场。

"有些投资者是根本就不看公司公告的!"无法放下电话的中远航运证券部员工高声地对《中国证券报》记者说,"现在有很多老人家来咨询情况,这让我们心里尤其难受!"近年来,各界对于权证市场的风险教育可谓不遗余力,各式各样的"防火墙"从始至终就没停止过。从要求投资者在权证开户时签署风险揭示书到券商进行投资者风险教育,再到公司在权证停止交易前不断刊登风险提示,可谓层层设卡,但依然无法避免部分投资者在"末日轮"中倒下。

2.2.3　不看大势瞎折腾

股市高手都深知"顺势而为"的极端重要性,过早买进或者过早卖出都会招致时间的无谓浪费,以及金钱的损失和精神的耗损。但是,很多散户容易自作聪明，把股市的趋势置之不理，放之脑后，主要有两种表现：

（1）逆市抓牛股。

很多散户认为自己有能耐在熊市中抓住少有的上涨个股。事实证明，他们的这种逆势行为都是瞎折腾，迟早会被趋势所吞没，也迟早会退出股市。在A股市场，每一次熊市都是对那些假高手、逆行者的"屠杀"。以2008年为例，A股没有一个行业板块有绝对收益，99%的股票下跌，近80%的个股跌幅超过50%，全部个股收益率中位数为-62%。

（2）长期持股不动。

有的散户效仿巴菲特，像母鸡孵蛋式地捂住不动，认为只要买绩优股、蓝筹股，然后长期持有就可以了。他们不清楚的是，巴菲特是在股市极为低迷并且正在向牛市转好之际，精心选择被市场严重低估的股票买入后，通过长期地持有获取丰厚利润的。即使是巴菲特也并非始终捂股不动，他也会根据市场的变化在一些长期看好的股票上低买高卖做差价，当他发现部分公司失去原有的投资价值时，会果断地调整投资组合。在美国既有像巴菲特这样通过长期捂股获得惊人的收益而成为著名人物的，也有通过长期的捂股将股价从数十美元捂到几美分而最终宣布破产的。拉里·威廉斯（Larry Williams）在《择时与选股》一书中写道："长期投资者是这个市场上最大的赌徒，他们下了注之后就不会改变。如果赌错了，他们可能会丧失一切，因为他们在投机性的赌桌上下注，却从不改变自己的筹码。"

2.2.4　不会选股全是坑

选股是散户在股市立足、赚钱的前提和基础。遗憾的是，大多数散户是不会选股的，他们既没有选股的思路，也没有选股的策略。听消息炒股、买低价股、买热点股，甚至借助软件选股，成了那些不会选股的散户的不二选择，自然也就逃不脱亏损的结局。想一想一个人在购房、买车、买珠宝首饰等购买行为前所做的一切吧！毫无疑问，他会专门腾出时间来研究、比较，以便确保钱花得是对的、是物有所值的。然而，那些在生活中精打细算的散户，在买股票时却截然不同，表现得很随意、很大方，他们混迹于各种消息群、博客、微博、股吧、直播里打听消息，一听到别人推荐，不去核实、不去分析就立马无脑买入，甚至满仓。事实上，散户只要略加思考哪里有那么多值钱的消息、真消息凭什么告诉我们、连我们这般散户都能得到的内幕还算得上内幕消息吗，就明白靠消息炒股有多么的不靠谱。

偶尔，散户也有机会从董事长、董事会秘书等高管人员中得到所谓的信息，但也千万不要以为这种消息就靠谱。从利益的角度来说，很少有公司高管不吹捧自己家公司，至少在公开场合是如此。否则，A股市场上也就不会有"宁信世上有鬼，也不信董秘的嘴。听董秘的亏一半，听董事长的全亏光"的说法了。

下面是常见的听消息炒股失败的事例。

案例一：听小道消息炒股一周亏损24%。

2007年10月29日某网站报道，10月10日，李先生突然收到在某基金公司工作的一个朋友的消息，说轻纺城（600790）即将发布第三季度预增公告，预增幅度超过2000%。看着盘面上不停的大单推升股价，李先生决定重仓杀入轻纺城，他以15元/股的均价买入3万股，当日轻纺城报收15.21元/股，已经有了浮盈。然而，在接下来的几天，轻纺城的股价却冲高回落，10月12日还大跌6.49%。李先生很纳闷，难道消息有假吗？

10月15日，传说中的公司大幅预增公告终于来了，轻纺城披露了第三季度预增公告，净利润和每股收益同比分别增长2400%和1893%以上，消息是真的。这么重大的利好消息，让李先生信心倍增，当日，李先生再度在14元/股附近加仓3万股轻纺城。然而，股价的表现却与预期大相径庭，随后几天，轻纺城连续下跌，已经回落到11.35元/股，李先生亏损高达18万元。而李先生在炒作轻纺城之前的利润也就在20万元左右。

案例二：教授听学生内幕消息炒股：亏几十万元还被罚110万元。

2017年1月20日人民网报道，在A股市场炒股赚钱有多难？答案是非常非常非常难！比如，一位大学教授就用他的炒股经历告诫那些想从股市捞一把的人——炒股有风险，入市须谨慎。

宋某，某大学商学院教授，中国注册会计师、国际注册审计师。就知识储备来说，宋某已经超过绝大部分 A 股股民。他精通上市公司治理，在多家上市公司担任独立董事。在对上市公司的运作了解上，他也胜过绝大部分股民。作为老师，宋某桃李满天下，有些学生还掌握上市公司的内幕消息，并向宋某告知。宋某可以利用这些消息，先人一步炒股获利。这就是宋某的人脉优势。令人错愕的是，尽管有知识优势、履历优势、人脉优势，但是宋某利用内幕消息炒股还是大亏损，其操作的股票，多则亏损数十万元，少则亏损数万元。亏了钱已经够让人郁闷的了，但更让他郁闷的是，他利用内幕消息炒股的事情还被监管机构抓个正着，于是他被罚款 110 万元，而且被处以 10 年证券市场禁入，即 10 年都不能炒股了！

以上案例说明，不管消息是真还是假，来自何处，有多么可靠，也不管是普通散户还是教授、知名人士，听消息买股票是一种非常可怕的错误炒股方式。巴菲特也有一句知名的话："让一个百万富翁破产最快的方法就是告诉他小道消息。"

2.2.5　不懂仓位照样亏

很多散户不懂仓位管理，往往是满仓干，一次性投入所有筹码，结果对散户伤害更大，甚至"满仓上天台"。散户不懂仓位管理，往往有以下表现：

（1）不懂仓位轻重。

重仓、满仓是大部分散户尤其股市新手最容易犯的毛病。很多散户有时候仅凭一则利好消息，或是听到别人推荐，抑或看到盘中股价拉升，生怕丢掉大好行情，丧失赚钱的大好机会，就不假思索地重仓或满仓。有时候散户好不容易选中了一只涨幅不错的股票，但由于仓位太轻，所获盈利对账户的总体贡献并不大。比如，某散户的股票账户总资产是 100 万元，用 10 万元买入一只股后大涨 50%，盈利 5 万元，但对总账户的贡献仅为 5%。这时候，他就容易陷入自责之中，后悔自己当初买少了，各种假设的情形就会出现，假如当初买入 50 万元，那么就会赚 25 万元，总账户就会盈利 25%等。

（2）不知仓位分配。

在确定了总仓位之后，散户碰到的另一个难题是不知道如何分配仓位。一些散户对分散投资存在误解，股票账户一共才几万元、十几万元、几十万元的资金，但是他们买了五只、十只股票，甚至更多，更不可思议的是，这些股票当中很多还是同类股。比如，笔者的一位好友，股票账户合计 20 万元左右，满仓买了 8 只股，其中，证券股就买了中信证券、华泰证券、天风证券三只，一看就知道这是典型的不会仓位分配的散户。他不知道的是，持有的股票数量越多，就越难以对所持个股做深入了解，对个股的反应速度也将慢下来，更为重要的是，在分散风险的同时也大大地降低了投资的回报。只有当所持有的 8 只股股价全部翻倍时，总账户才能实现翻倍的收益，而 8 只股都实现 100%涨幅的概率远远要小于 3~5 只股股价翻倍的可能性。

（3）喜欢追跌补仓。

很多投资大师都强调补仓的危害，"绝不要平摊损失""交易的大忌为追跌补仓"等是他们的经验总结。但是，很多散户在买入股票以后，碰到股价下跌，不是去思考买入的逻辑是否发生变化、公司的现状是否发生重大改变，也不是去接受损失、割肉离场，而是硬着头皮去补仓，还美其名曰"中长线投资"，寄希望于摊低成本，来个反弹，一次涨回去。当有人指出他们的这种操作方法不对时，他们可能还会反驳："每次补仓资金为之前的两倍不就得了吗？"笔者在这里只能说，这种倍投法赌性太大，这种想法也过于自信，万一发生连续下跌，即使有大额的资金，也支撑不了多久，迟早会断流！结果不难想象，真能幸运解套的少，更多的是越套越深，由浅套变成深套，再由深套变成死套，反复被套，反复斩仓，不是将资金的"雪球"越滚越大，而是犹如将雪球放在暖阳下一般越来越"消瘦"。之所以会这样，是因为他们不明白，买入股票后如果股价没有按照预期的走势上涨，足以证明他们的判断是错误的。这个时候补仓就是追跌，就是逆市而为，更是错上加错。

（4）盲目加杠杆。

股市中的杠杆包括借钱炒股、刷信用卡炒股、贷款炒股、融资融券、配资炒股等。很多股民往往只看到了加杠杆后快速暴富的可能，而将杠杆的超高风险置之身外。

举个例子，假如某股民账户上有 10 万元资金，按配资杠杆 5 倍计算，他可以得到配资 50 万元，配资后账户资金增加至 60 万元，当然这笔钱他只能操作不能提现。如果他水平高、运气好，一个涨停就可以赚 6 万元，相当于原来 10 万元本金的投资回报率高达 60%。假如个股下跌 16.67%（资金亏损 10 万元），就会要求增加保证金，否则系统自动冻结客户操作权限，强制平仓，结果是他的本金 10 万元一毛不剩。

我们一定要明白，股市的不确定因素太多，个股的大跌几乎总会在意想不到的时候发生。在加了杠杆的情况下，意料之外的大跌可能使投资人的财富归零。A 股的股灾曾让多少股民的财富灰飞烟灭，一夜之间归零。没有金刚钻，不揽瓷器活儿。对加杠杆这些高风险的事情，建议大多数散户"悬崖勒马"而不应该"刀口舔血"。

2.2.6 修炼不够白忙活

散户都曾经历过下面的"怪事"：

（1）看好的股票不买，它就一直涨，不停地涨。

（2）忍无可忍，鼓起勇气追涨买入后，立马就跌。

（3）气愤不过，忍痛割肉，但割掉后立即又大涨。

（4）总结研究后打算再买，最后决定在两只股中选一只，结果往往是选错，买的跌，没买的涨。

（5）这次选股选错了就换股，结果又选错，再换还是选错。

（6）总是选不对，猛然觉醒，不搞短线了，改成炒长线，但是买入后长期不涨。

（7）实在熬不住，卖了长线还是炒短线。结果是，抛了的长线股第二天就涨停。

（8）重新炒短线，又立即一买就套！那就等等吧，然后一直跌，跌得实在受不了只好割肉。

有人将上述做法称为"韭氏家族标准操作"。为了避免继续被割"韭菜"，避免"每次受伤的总是我"的窘境，散户会或多或少地总结出一些应对措施，媒体、机构也会给出一些看似有用的参考建议。下面是网络上总结熊市的操作要点。

熊市操作要点

第一，宁可不买，绝不追涨。熊市里股市上涨的持续性往往不强，只宜高抛低吸，不宜追涨杀跌。如果大盘刚刚上涨了两三天，投资者就认为趋势已经反转了，贸然追高买入个股，往往会因此被套牢。

第二，宁可错过，绝不冲动。熊市里除极少数强势股以外，绝大部分个股行情的涨升空间都比较有限。如果投资者发现股价已经大幅涨升了，最佳的介入时机已经错过，就不要冲动性地购买。有时适当地放弃一些不适宜参与的炒作机会，反而容易把握住更好的市场机遇。

第三，宁可少赚，绝不贪心。熊市里不要过于贪心，而是要注意及时获利了结。熊市里的反弹行情往往昙花一现，获利空间也不大。如果因为贪心而犹豫不决的话，必将错失卖出时机，使盈利化为乌有，甚至招致亏损。

第四，宁可少亏，绝不大亏。股市处于明显下跌趋势中时，无论自己持有的个股是否出现亏损，都要坚决果断地及时止损，否则会招致亏损。

第五，宁可空仓休息，绝不追逐微利。不要轻易参与熊市里窄幅震荡整理行情或大多数不活跃的板块个股，否则，过于狭小的股价波动幅度不仅会减少投资者的盈利空间，还会增加操作难度，容易导致亏损。

以上这些措施或操作要点总结到位，也很有可操作性。但是，炒股是一件"知不易、行更难，知行合一难上难"的事，如果只了解这些炒股口诀或者操作要点，没有在炒股这条道路历经磨难，没有真正去了解人性弱点，没有不断地锤炼思索和修炼内心，"韭氏家族"的标准操作仍会重现。林广茂在《大道至简，得之不易》这篇文章中对知行之间的关系做了很好的注解："如果只是看过，明白，就能懂得，做到，那和尚修行成佛陀岂不是和上大学一样简单？从这一点来看，我们从事的行业更接近佛学的修行，别人的规矩原则，是别人的，即使告诉你，也还需要你自己去领悟去证得。"有少数股民既不懂基本面，也不懂技术面，但他们依然在股市大赚，因为他们的心态好。而很多年轻股民，既懂基本面，也懂技术面，但他们照样不赚钱，原因就在于他们的心态没有与技术相匹配，即使看对了、买对了，也因为心态太差而赚不到钱。

2.3　慎思炒股之路

散户一定要明白，炒股也是一种职业，并非适合每一个人。当一个人决定炒股时，就需要像对待事业一样全神贯注和忘我地工作，这样才有可能获得成功。否则，退出股市、不入股市，不炒股也是一种选择，甚至是一种更好的选择。

2.3.1　股市没有随随便便的成功

梅花香自苦寒来，成功路上无捷径。无论哪一个行业，不可能随随便便就成功，幸福都是奋斗出来的，股市更是如此。

（1）努力到无能为力。

但凡在股市中有成绩的人，都付出了不亚于常人的努力。泛泛的努力只能产生泛泛的结果，想要在股市中不劳而获机会是微乎其微。香港《信报》某财经专栏作家曾总结："如果连每天花 15 分钟的投资功课都不愿意做，那还是不要做股票的好。"但股市中有这么一种奇怪的现象，一些没有真才实学或者毫无优势的人也可以短暂成功，让人误以为运气比技巧还重要，股市成功很简单。

我们来看看股市"大牛"的努力状态吧！我们读懂了他们的勤奋与专注，那么对于正确理解"勤奋和专注是股市成功的基因"很有帮助。彼得·林奇被誉为"全球最佳基金经理"，其管理的麦哲伦基金是当时全球资产管理金额最大的基金，投资绩效也名列第一。他的勤奋有口皆碑：一年要走访 500~600 家公司，每天早上 6 点就去办公室，晚上 7 点多才回家，路上的时间都是在阅读，而且每天午餐时都会跟一家公司洽谈。

（2）任何时候开始都不晚。

不管是什么工作，我们总能听到"我年纪大了""太晚了""要是年轻就好了"等类似的抱怨。在笔者看来，这些都是偷懒的借口、推卸责任的台词。一旦决定炒股，就不要去找任何类似于"为时已晚"的理由。任何时候开始都不晚，积极的人生不需要借口，强悍的人生没有借口。冰心曾说："生命从八十岁开始。"作为散户，只要有决心、毅力，掌握好方法、技巧，任何时候开始努力都不算晚，大有大成，小有小成。散户需要的是，从现在开始，坚持进步。股市和任何行业都一样，付出一天、两天看不出来，一个月、两个月也许还是看不出来，但是一年、两年，甚至十年、二十年，股市中勤奋人和不勤奋的人终将走上截然不同的道路。

（3）风雨之后才能见彩虹。

炒股之路可能比任何事业都更坎坷，都更充满荆棘。当一个股民历尽沧桑、饱经坎坷的时候，没有人可以拯救，只有他自己才可以完成自我救赎。这个时候信心、毅力、坚忍等内在素养开始发挥重要作用，过去了就是门，过不去就是门槛。要知道，股市的经验和能力是用真金白银买回来的，几乎所有的交易大师在成功之前都经历了长时间的煎熬。美国投资冠军米勒维尼在成功之前曾描述了其失败的经历："在 20 世纪 80 年代开始交易的时候，我忍受了长达 6 年的股市中颗粒无收的窘境。事实上，岂止是颗粒无收，简直是净损失。"①

2.3.2　不炒股也是一种选择

利弗莫尔在《股票大作手操盘术》中指出："投机是天底下最富有魔力的游戏。但是，这个游戏不适合愚蠢的人，不适合懒于动脑筋的人，不适合心理不健全的人，不适合脑中充满一夜暴富奢望的人。以上所说的这些人如果贸然从事投机，那么就只能以一贫如洗告终。"② 笔者也必须郑重提醒，并不是每个人都适合炒股，就像有些人不适合当医生，有些人不适合当企业家，还有些人不适合从政一样。笔者不希望任何一个人成为股市的"韭菜"，把辛辛苦苦赚来的钱蒸发掉。如果一个人属于以下三类人，请尽早退出股市，不要进入股市，不炒股也是一种选择。

（1）欲望不强的人。

任何领域里的成功都需要有强大的欲望。一个对炒股成功欲望并不强的人，其所呈现出来的结果难免不尽如人意。陈江挺在《炒股的智慧》中把"欲望"放在任何行业取得成功的首位，他说："无论想在什么行业成功，你都需要有成功的欲望、实现这个欲望的知识及应用这些知识的毅力。"马云的一句："你穷，是因为你没有野心！"看似虐心，实为经典！作为散户，如果没有强烈的赚钱欲望，那么必然是不适合炒股的一类人。

事实上，我们绝大多数散户是缺乏炒股成功欲望的。也许有人会说："我炒股就是奔着赚钱而去的，甚至是瞄准做'中国巴菲特'的目标，这个欲望还不算大吗？"这种回答是肤浅的，没有把追求股市成功的欲望理解到位。我们要认识到，愿望不是欲望，兴趣也不是欲望。兴趣的真相——兴趣不是那件让一个人舒舒服服就成功拿到结果的事，兴趣是那件让其白天痛苦地想、晚上睡不好、早

---

① 米勒维尼．股票魔法师：纵横天下股市的奥秘［M］．张泂，译．北京：电子工业出版社，2015：4.

② 利弗摩尔．股票大作手回忆录［M］．荣千，译．上海：立信会计出版社，2016：1.

上5点爬起来，一边苦笑一边咧着嘴干完的事。美国最成功的股票投资者之一马克·米勒维尼（Mark Minervini）在其所著的《股票魔法师：纵横天下股市的奥秘》中写道：①

> 大多数人都对交易感兴趣，但是只有很少的人实际致力于其中。感兴趣和致力于其中的区别，就在于是否愿意放弃。当你全身心投入一件事的时候，除了坚持到成功，别无选择。感兴趣只是起点，全身心奉献才是最终的目的。

很多散户炒股很多年，对股市的基本概念、规则、理念都没有弄清楚，对上市公司年报、股市技术指标也一知半解，他们更多的是为自己找借口，美其名曰"没时间，没精力，行情千变万化，哪会花大量时间去学习呢？"其实，追求股市成功的欲望不够强大才是这些借口产生的根本原因。

当一个人从内心深处有了追求股市成功的强大欲望后，接下来所有的一切都会发生根本改变，就会被赋予新的意义，就会自觉地把欲望转化为实实在在的行动：他会忘我地去学习股市知识，心理学、历史学、哲学等书籍也不放过；他会去反省自我，总结自己的操作行为，形成适合自己的操作模式和交易系统；他会去了解人性的弱点，想方设法克制交易的冲动等。总之，所有能想到的都会竭尽全力去做到，直到成功的那一天。

（2）目标不明的人。

罗曼·罗兰说："人生最可怕的敌人，就是没有明确目标。"有目标的人就有前进的动力，会向着自己的目标一路前行，不畏艰难，而没有目标的人永远逃不出人生的荒芜，没有目标的努力也只是在蹉跎岁月。股市也是如此。炒股的目标是什么？这一点不能有半点含糊。炒股不是为了证明自我、证明自己的对

---

① 米勒维尼．股票魔法师：纵横天下股市的奥秘［M］．张洵，译．北京：电子工业出版社，2015：5.

错，也不是寻找刺激和娱乐，而是赚钱。但是，炒股赚钱不仅仅是几个字这么简单，更难的是分解目标和落实目标。或许我们能从下面这段话中得到一些启示：

哈佛大学有一个十分著名的关于目标对人生影响的跟踪调查。调查的对象是一群智力、学历、环境等条件都差不多的年轻人。调查结果发现，27%的人没有目标，60%的人目标模糊，10%的人有清晰但比较短期的目标，3%的人有清晰且长期的目标。

25年的跟踪研究结果显示，他们的生活状况及分布现象十分有意思。

那些3%有清晰且长期目标的人，25年来几乎都不曾更改过自己的人生目标。25年来他们都朝着同一个方向不懈地努力，25年后他们几乎都成了社会各界的顶尖成功人士。他们中不乏白手创业者、行业领袖、社会精英。

那些10%有清晰短期目标者，大都在社会的中上层。他们的共同特点是，短期目标不断被达成，状态稳步上升，成为各行各业不可或缺的专业人士，如医生、律师、工程师、高级主管等。

而那些占60%的目标模糊者，几乎都生活在社会的中下层，他们能安稳地工作，但都没有什么特别的成绩。

剩下的27%是那些25年来都没有目标的人群，他们几乎都在社会的最底层。他们都过得不尽如人意，常常失业，靠社会救济，并且常常都在抱怨他人、抱怨社会、抱怨世界。

（3）身心懒惰的人。

大千世界，各行各业，一切失败的根源都在于懒。炒股失败的散户大多是股市中的"懒人"。笔者把股市懒人划分为两大类：

第一大类：行动懒的人。这是股市最常见的懒人。笔者经常遇到那些没有一点儿经济学、会计学、心理学等基础知识的散户，在看到身边人或者网络报道炒股赚钱之后就贸然入市。在入市之后，即使炒股N年也没有系统性地对知识进行储备、补充和更新，结果是对股市知识一知半解，甚至误解。

第二大类：思想懒的人。这种人不爱动脑子，不思考逻辑，只想着看新闻、逛股吧、听别人推荐，在股市赚钱了就得意忘形，觉得是自己能力强，而一旦亏钱，就开始怨天尤人，骂政府、骂证监会、骂上市公司管理层，觉得自己亏钱都是这些人造成的。

3　一切围绕风险转

股市风险无处不在、无时不有。对致力于炒股成功的散户来说，必须树立风险优先理念，正确理解风险，把握风险源头，将风险控制贯穿在交易的每一个环节。

3.1　从正确理解风险开始

对风险理解的角度、深度、广度不同会形成不同的操作策略，带来截然不同的结果。

3.1.1　利润是控制风险之后的副产品

很多散户只关注自己所获得的回报大小，全然不去考虑相关风险，他们把炒股成功归因于与追热点、追题材类似的"进攻"，而非风险控制、耐心等待式的"防守"，习惯在股市中横冲直撞、追涨杀跌，偶尔会赚几次，甚至运气好时还能重仓买中"妖股"，在短时间内让股票账户金额暴增。但是，当大盘风格变化之后，放长周期来看他们的业绩并不好。这就是股市中常见的"一年三倍者如过江之鲫，三年一倍者寥若辰星"现象。

事实上，收益本身并不能说明炒股水平的高低，甚至不能代表买卖决策的对错，风险控制能力才是区分专业炒股与非专业炒股的重要分水岭。优秀的投资者往往践行的是"风险控制后，收益不请自来"的理念，短期内获得的收益可能并不比别人高，但在实现同等收益的前提下承担了较低风险，或以相当低的风险实现了稍低于其他人的收益。

3.1.2　风险与收益往往不对等

我们时常听到"高风险高收益"，让人笃信风险与收益之间是正相关关系，也就是说，风险高的投资能够带来高的收益。然而，靠更高风险的投资来获得更高的收益是不可能的，并容易给人造成极大的痛苦。

笔者很认同霍华德·马克斯在《投资最重要的事》中的解释：如果更高风险的投资确实能够可靠地产生更高的收益，那么它就不是真的高风险了！马克斯认为，更高风险的投资与不确定性增加、损失概率增大相关，并开创性地将不确定性纳入调整后的风险收益图（见图3-1）。从图3-1可以看出，风险越大的投资意味着分布更广的预期收益，包括更高的预期收益和更低的预期收益，甚至出现损失的可能。因此，风险与收益关系正确的表达应是：为了吸引资本，风险更高的投资必须提供更好的收益前景、更高的承诺收益或预期收益，但绝不表示这些更高的预期收益必须实现①。

3.1.3　错失良机也是一种风险

虽然说股市中从来不缺机会，但是身在股市该抓的机会没有抓住，看到别人赚钱自己却赚不到钱，这种滋味有时比套牢更难受。因此，坐失良机，尤其是那些不多见的大牛市、大反弹，也是一种风险，即踏空的风险。

———————

① 霍华德·马克斯. 投资最重要的事 [M]. 李莉，石继志，译. 北京：中信出版社，2015：47.

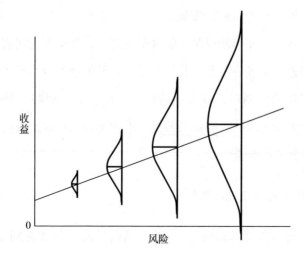

图 3-1　风险收益

资料来源：霍华德·马克斯．投资最重要的事［M］．李莉，石继志，译．北京：中信出版社，2015.

当股市赚钱的机会到来时，散户对机会的把握程度、利用程度是截然不同的。有些散户可以迅速发现并抓住机会，实现资金的快速增值。更多的散户在趋势不明的情况下盼望趋势的来临，然而趋势真正形成之时，却仍然一无所获，错失良机，让赚钱机会白白溜走。我们将错失的良机进行简单分层，从低到高大致可以分为如下四层：

第一层次：根本没有看对。这是错失良机的最低层级，即当股市赚钱机会来临时，根本就没有看到机会。在股价底部区域尤其是大熊市的底部，散户恐惧心态占主导，对股市心灰意冷，甚至麻木，不再关心股市，而当股市出现反弹甚至反转时，仍抱着熊市心态不放，不信、不看、不屑、怀疑、犹豫是常见思维和心态，往往就错过了一轮较好的赚钱机会。

第二层次：看对但没做对。正如"知"与"行"之间隔着一道巨大鸿沟一样，股市中"看对"与"做对"也相差十万八千里。"看对"不仅包括看对涨跌方向，还包括涨跌的级别大小，而"做对"主要体现在根据行情级别把握节奏、控制仓位，并全程参与行情。因此，"做对"比"看对"更为重要。即使看对了接下来的一波大涨行情，但是企图万无一失、没有任何风险而没有做出任何买入的行动，那么"看对"行情并没有任何实际意义，顶多只是心理上安慰自己而已。同样，如果看对了接下来有一波大的下跌行情，但是没有做出减仓、清仓的操作，那么结果与没有"看对"并无二样，心态甚至更加糟糕、更加懊恼。

第三层次：做对但没赚大钱。从上文所述来看，散户要达到"看对"并"做对"进而实现赚大钱目标，在大多数情况下是很难的。但是，我们只要抓住其中的多数机会甚至几次重大机会，就可以实现财务目标。事实上，很多散户在一轮上涨行情中，买入太少，卖出太早，盈利太小；也有很多散户在一轮下跌行情中，卖出太少，抄底太早，仍然亏损不少。这可以从夏皮诺曾经做过的"人性是厌恶风险"的实验中得到解释。

夏皮诺是美国的一名心理医生，他曾经主持过著名的"得到"实验。实验有两个选项，参加实验的人只可以从中选择一个答案。选项 A：有 75% 的机会得到 1000 美元，但有 25% 的可能什么都得不到。选项 B：确定得到 700 美元。虽然一再向参加实验者解释，从概率上来说，第一选择能得到 750 美元（1000×75%+0×25%＝750 美元），可结果还是有 80% 的人选择了 B。大多数人宁愿少得到一些，也愿意要确定的利润。这就告诉我们，一个人买入的股票或许有 75% 的概率上涨 50%、100%、200%，并赚取 5 万美元、10 万美元甚至更多的利润，但为了避免 25% 什么都得不到的可能性，略有 10%、20% 甚至 50% 的收益他就会迫不及待地卖出，因为害怕到手的利润失去。

第四层次：赚大钱但没拿住。在一轮上涨行情中，很多散户经常"坐电梯"，他们看对了行情，在股价启动阶段就重仓买入了大牛股，但是在股价高位并没有减仓卖出，在随后的下跌过程把所赚利润回吐干净，让人痛心不已！也有一些散户看到了股价即将下跌，但是在下跌行情的初期或中期就急不可待地去抄底，而此时股价下跌根本没到底，后期的跌幅更为惨烈，让这些早早抄底的股民被深套。

3.2　炒股风险的源头

识别风险、把握风险之源是控制风险的前提。那么，股市的风险来自哪里？可能每个人的回答会不尽相同。其实，前文的阐述已经包括了绝大多数的风险来源。为了加强对炒股风险来源的印象，在此从散户自身的角度再次强调常见的风险来源。

3.2.1　未知风险是最大的风险

股市中最大的风险不是已知风险，而是未知风险。未知风险是我们在股市中根本就没有想到的风险，常称其为"黑天鹅"。由于认识不到未知风险，对其没有设防，哪怕风险的等级很低，也足以给股民带来巨额亏损。这警示我们要对股市保持永恒的敬畏，时刻警惕"黑天鹅"出没，做好出现小概率事件的预案。未知风险按照是否能够分散不同，分为系统性风险和非系统性风险。

（1）系统性风险。

系统性风险是由政治、经济、社会等环境因素对证券价格所造成的影响，包括政策风险、经济周期性波动风险、利率风险、购买力风险、汇率风险等。这种风险对市场上所有参与者都有影响，无法通过分散投资加以消除，因此又被称为不可分散风险。近年来，清理场外配资、熔断机制、中美贸易摩擦、新冠疫情、俄乌冲突等"黑天鹅"事件接连发生，每次都让股民损失惨重（见表 3-1）。

表 3-1　近年来股市"黑天鹅"事件及指数表现

"黑天鹅"事件	时间	指数表现
清理场外配资	2015 年 6 月 12 日至 2015 年 8 月 26 日	53 个交易日，上证指数、深证综指、创业板综分别下跌 42.84%、45.31%、49.77%

续表

"黑天鹅"事件	时间	指数表现
熔断机制	2015 年 12 月 23 日至 2016 年 1 月 28 日	26 个交易日，上证指数、深证综指、创业板综分别下跌 27.28%、31.54%、33.71%
中美贸易摩擦	2018 年 1 月 29 日至 2019 年 1 月 3 日	226 个交易日，上证指数、深证综指、创业板综分别下跌 30.74%、36.09%、33.27%
俄乌冲突及美联储加息等	2021 年 12 月 13 日至 2022 年 4 月 26 日	89 个交易日，上证指数、深证综指、创业板综分别下跌 21.27%、31.19%、36.95%

资料来源：Wind。

第一，清理场外配资。上证指数由 2015 年 6 月 12 日开盘价 5143.34 点下跌至 8 月 26 日的 2927.29 点，短短 53 个交易日，下跌 2216.05 点，跌幅 43.09%。国投中鲁（600962.SH）、川能动力（000155.SZ）、融捷股份（002192.SZ）等 18 只个股经历了 20 个以上的跌停板，华锦股份（000059.SZ）、河钢资源（000923.SZ）、华铁股份（000976.SZ）、禾盛新材（002290.SZ）、中环装备（300140.SZ）等 144 只股票经历了 15~19 个跌停板。无论是个人投资者还是机构投资者，尤其是杠杆资金，在跌停板处出不来，纷纷被"憋死"、爆仓，很多百万元、千万元甚至上亿元的大户资金短时间内被清零。

第二，熔断事件。"熔断"是一种保护机制，在股市中就是当出现突发的系统性杀跌风险，使指数出现短期内过度下跌时，交易所就暂停股市交易，让投资者冷静一下，从而起到一定的市场保护作用。一般会停牌一段时间再继续交易，如果恢复交易后又继续大跌，再次触发熔断条件，则会再次暂停交易，直至当天收盘。我国 A 股的熔断机制于 2016 年 1 月 1 日起正式实施。根据规定，A 股熔断阈值分为 5% 和 7% 两档，指数触发 5% 的熔断后，熔断范围内的证券将暂停交易 15 分钟，但是如果是在 14：45 至 15：00 期间触发 5% 或全天任何时间触发 7%，将暂停交易至收市。

A 股 2016 年首个交易日，1 月 4 日，两市开盘后持续下跌，沪深 300 指数于 13：13 下跌 5% 触发熔断，之后暂停交易 15 分钟。在暂停交易 15 分钟后恢复交易，沪深 300 指数继续下跌，跌幅达到 7%，再次触发熔断机制最高阈值，A 股随即将暂停交易至收市。

1月7日，开盘仅12分钟，沪深300指数下跌5%触发熔断，之后暂停交易15分钟。9：57恢复交易，仅两分钟时间沪深300指数就下跌达到7%，再次触发熔断，之后停牌直至收盘。也就是说，全天仅交易了15分钟。

由此，管理层不得不连夜（1月8日）叫停熔断机制。虽然证监会坚称熔断机制不是市场大跌的主因，但是从两天的实际运行情况来看，整个市场两天都是1300多只个股跌停，几乎相当于全体股民持仓市值集体打八折（见表3-2）。显然，熔断机制并没有起到让市场真正"冷静"的效果，反而造成了一定的负面效应。

表3-2　2016年A股熔断表现

日期	上证指数收盘价	涨跌幅（%）	上涨数（家）	下跌数（家）	跌停数（家）
2016年1月4日	3296.26	-6.86	41	2505	1318
2016年1月7日	3125.00	-7.04	35	2518	1334

（2）非系统性风险。

非系统风险是指纯粹由个股自身的因素引起的价格变化，以及由这种变化导致的个股收益率的不确定性。由于非系统风险是个别公司所特有的，因此也称特有风险。例如，工人罢工、新产品开发失败、失去重要的销售合同、诉讼失败、取得一个重要合同等。近年来，上市公司受到来自供应商、客户、内部管理等自身风险的影响，导致"黑天鹅"事件频发，"独角兽"成为"毒角兽"，投资者一不留神就会"踩雷"。下面是A股几则比较典型的示例：

第一，订单消失。在中美贸易摩擦、芯片短缺等影响下，2021年以来美国苹果公司供应链危机持续发酵，那些深度绑定苹果的A股"果链"公司面临的局面十分被动，时有发生与大客户采购关系发生重大变化的突发事件。

2021年3月16日，欧菲光（002456.SZ）发布公告称，于近日收到境外特定客户的通知，特定客户计划终止与欧菲光及其子公司的采购关系，后续欧菲光也不再从该客户取得现有业务订单。2019 年经审计特定客户相关业务营业收入为 116.98 亿元，占 2019 年经审计营业总收入的 22.51%。3 月 17 日，欧菲光股价"一"字跌停，收报 9.14 元/股，跌 9.95%。

2022 年 11 月 8 日，歌尔股份（002241）发布风险提示公告称，近日收到境外某大客户的通知，暂停生产其一款智能声学整机产品，预计影响 2022 年度营业收入不超过 33 亿元，约占公司 2021 年度经审计营业收入的 4.2%。歌尔股份 11 月 9 日、10 日连续两个"一"字板跌停，11 日下跌 7.24%，三个交易日下跌 24.85%，市值蒸发 195.65 亿元。按照 2022 年 11 月 10 日股东户数 459926 户计算，三个交易日股民人均亏损 4.25 万元。

第二，高管失联。高管是指公司管理层中担任重要职务、负责公司经营管理、掌握公司重要信息的人员，主要包括经理、副经理、财务负责人、董事会秘书和公司章程规定的其他人员。近年来，上市公司时常出现高管失联的情况，公司股价也跟随下跌，给散户带来巨大的风险。例如，2018 年 5 月 4 日晚，南风股份（300004.SZ）公告称，公司董事长暨实际控制人之一杨子善已经失联。之后，公司又曝出可能存在冒用公司名义作为借款人或担保人债务的事件。受此消息影响，南风股份股价从 2 月 2 日停牌前每股 11.65 元高点，跌至 5 月 23 日每股 6.33 元低点，接近腰斩，市值蒸发约 27.08 亿元。

第三，资产失踪。A 股市场无奇不有，部分上市公司上演着存款不翼而飞、存货离奇失踪等奇葩事件，给股民带来了意想不到的伤害。例如，2020 年 9 月 27 日晚，昔日日化巨头广州浪奇（000523.SZ）突然发布一则《关于部分库存货物可能涉及风险的提示性公告》，直指公司 5.72 亿元洗衣液存货不翼而飞。而后，公司股价暴跌，3 个交易日暴跌 26.84%，市值缩水近 10 亿元。

资产失踪最有名的要数昔日渔业茅台獐子岛（002069.SZ）的"扇贝去哪儿了"事件了。从 2014 年开始，随后的近 6 年间，獐子岛的扇贝先后 4 次离奇"出事儿"，一再上演着曲折惊奇、来来回回的"剧情"（见图 3-2）。

2014 年 10 月 30 日晚间公告称，因北黄海遭到几十年一遇的异常冷水团，公司在 2011 年和 2012 年播撒的 100 多万亩即将进入收获期的虾夷扇贝绝收。受此影响，獐子岛前三季度业绩"大变脸"，由预报盈利变为亏损约 8 亿元，全年预计大幅亏损。

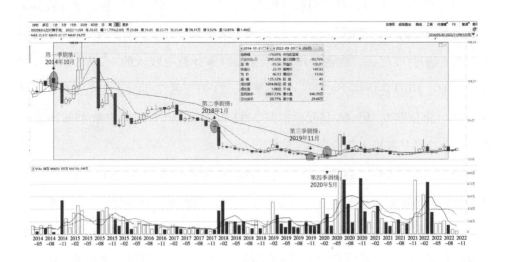

图 3-2　2014 年 5 月 1 日至 2022 年 11 月 9 日獐子岛（002069.SZ）月 K 线走势

2018 年 1 月 30 日晚，獐子岛发布《2017 年度业绩预告修正公告》称，目前发现部分海域底播虾夷扇贝存货异常，公司可能对其存货计提跌价准备或核销处理，此举或导致公司 2017 年全年亏损 5.3 亿~7.2 亿元。对投资者而言，这样的巨亏来得太突然。在 2017 年 10 月 27 日披露的三季报中，该公司预计 2017 年度归属于上市公司股东的净利润同比有所增长，变动区间为 0.9 亿~1.1 亿元。

2019 年 11 月 11 日晚，獐子岛发布《关于 2019 年秋季底播虾夷扇贝存量抽测的风险提示公告》称，经过最新抽测，重大底播虾夷扇贝有存货减值风险。

2020 年 5 月 15 日，獐子岛董事长吴厚刚在业绩说明上表示：近期獐子岛底播虾夷扇贝大量损失，是海水温度变化、海域贝类养殖规模及密度过大、饵料生物缺乏、扇贝苗种退化、海底生态环境破坏、病害滋生等多方面因素综合作用的结果。

2022 年 5 月 6 日，因"扇贝不争气"6 年逃跑 4 次，昔日渔业茅台獐子岛公司股票被实行"其他风险警示"。公司股价（后复权）从 2014 年 10 月 1 日到 2022 年 9 月 30 日下跌了 78.68%，股民损失惨重。

3.2.2　不可忽视无知的风险

股市的风险来自无知，这是索罗斯最喜欢讲的一句话。很多散户对股市规则、股市技术、炒股方法等的无知让人费解，这是股民亏损的最大源头和最大风险。事实上，我们比我们以为的更无知，但大多数时候我们往往会高估自己。无知是分等级的，有些散户是"一无所知"，完全不懂股市，跟随大溜懵懵懂懂进入股市，听消息、凭感觉、靠推荐买股，是他们在股市中操作的基本逻辑；有些散户是"半知半解"，对股市大势、技术指标、财务分析、心理面等似懂非懂，应用起来时好时坏，摆脱不了亏多盈少的局面；还有些散户认为自己"无所不知"，但这些所谓"无所不知"的投资者往往比一无所知、半知半解的人更容易犯错误。

（1）对自我的无知。

最不可救药的是自我认知的无知，典型的表现就是："我比别人聪明、水平高、执行力强，能抓住每一次上涨，能避免每一次下跌，能买在'钻石底'、卖到'地球顶'，因而在更短的时间内赚到更多的钱并不是难事。"他们往往觉得巴菲特、索罗斯等投资大师 20% 的年化回报率过低，自认为轻轻松松地就可以超越这个收益水平。这时就会设置不合适的盈利目标，而过高的盈利目标容易导致心态失衡，进而行为失控。试想：如果一个人把年盈利目标定为 500%，把熊市中的盈利目标设为 50%，那么他还能冷静，不冒风险吗？笔者的经验是，每当设立过高的投资目标时，不仅达不到预期的目标，还会亏损本金，而把赚钱的目标降低之后，往往能取得超出原来目标的结果。事实上，在股市中能够认识到自己仅仅是"凡人"的，往往不是"凡人"。

（2）对退市规则的无知。

我国 A 股上市公司退市制度历经多轮改革，主动退市、欺诈发行退市、信息披露重大违法退市、面值退市、年报非标退市、重大违法退市、连续亏损退市等各种类型的退市公司都有出现。但由于退市制度的不完善，A 股退市的上市公司数量极其稀少，大量的业绩长期亏损，或财务状况严重不良，或已成为僵尸公司的上市公司，通过各种操作手段和花式"保壳"成功规避了退市的后果，成为股市的"不死鸟"，继续"苟活"于市场中，甚至还实现了"乌鸦变凤凰"的离奇剧变，导致"炒小炒差"风气盛行，而对 ST 类个股的炒作堪称疯狂，部分持有"富贵险中求"激进投资观的股民甚至还获得了不菲的超额收益。

然而，2020 年 12 月退市新规落地之后，市场环境出现了重大变化，"应退尽退"信号日益强烈、优胜劣汰观念更加深入人心，退市公司数量、强制退市公司数量不断创出新纪录。那些不懂退市新规，没有及时调整投资理念，继续炒作"垃圾股""绩差股"的散户正被一个个惨痛案例、一笔笔惨淡的交割单所警醒。

（3）对打新股规则的无知。

根据 Wind 数据统计，2013~2019 年 A 股上市新股破发数量仅仅 6 家。也就是说，在新股发行核准制下，新股一直保持极低的破发比例，在绝大多数情况下中签就是赚到。但是，随着 2020 年 3 月 1 日起正式实施注册制以及新股询价规则发生改变之后，新股尤其是高价新股破发成了常态。自 2020 年开始，A 股新股破发数量大幅度上升。2020 年新股破发数量 19 家，是过去 7 年累计破发数量的 3 倍还多；2021 年新股破发数量持续增加，达到 22 家；2022 年新股破发数暴增至 122 家。

除新股破发数量大幅增加之外，破发新股上市首日的跌幅还很大（见表 3-3）。除三祥科技（831195.BJ）属于北京产权所新股之外，当日破发幅度靠前的普源精电（688337.SH）、翱捷科技（688220.SH）、哈铁科技（688459.SH）等 11 家公司均来源于科创板。其中，唯捷创芯（688153.SH）是专注于射频前端芯片研发、设计、销售的集成电路设计企业，2022 年 4 月 12 日上市日首发价格 66.60元/股，收盘价 42.60 元/股，以 36.04% 的跌幅位居新股首日破发榜的榜首。而破发让中签股民倒贴钱最多的当数万润新能（688275.SH），首发价格高达

299.88 元/股，投资者中一签需缴款约 14.99 万元，上市首日收盘价 217.14 元/
股，跌幅达 27.59%，股民中一签亏损约 4 万元。因此，股民越来越感觉到，以
往"中签就是赚钱"的好事一去不复返，对打新股也保持谨慎态度：不能随便
打了，新股不香了。

表 3-3　近年来我国 A 股新股破发（上市首日跌幅>25%）情况

证券代码	证券简称	首发价格（元/股）	上市首日收盘价（元/股）	上市首日跌幅（%）	上市日期
688153.SH	唯捷创芯	66.60	42.60	36.04	2022 年 4 月 12 日
688337.SH	普源精电	60.88	39.78	34.66	2022 年 4 月 8 日
688220.SH	翱捷科技-U	164.54	109.00	33.75	2022 年 1 月 14 日
688459.SH	哈铁科技	13.58	9.46	30.34	2022 年 10 月 12 日
688302.SH	海创药业-U	42.92	30.10	29.87	2022 年 4 月 12 日
688332.SH	中科蓝讯	91.66	64.30	29.85	2022 年 7 月 15 日
688062.SH	迈威生物-U	34.80	24.50	29.60	2022 年 1 月 18 日
831195.BJ	三祥科技	11.00	7.81	29.00	2022 年 12 月 30 日
688137.SH	近岸蛋白	106.19	75.51	28.89	2022 年 9 月 29 日
688275.SH	万润新能	299.88	217.14	27.59	2022 年 9 月 29 日
688739.SH	成大生物	110.00	80.00	27.27	2021 年 10 月 28 日
688325.SH	赛微微电	74.55	55.12	26.06	2022 年 4 月 22 日

（4）对股价见顶的无知。

一些个股连续大涨之后，会发出很多明显的见顶信号，如高位放量滞涨、高
位大阴线、高位跳空低开阴线、顶部岛形反转图形、M 顶图形、处于历史较高估
值状态。这时，主力往往已经到了撤退的后半程，甚至有些已经全身而退，获利
匪浅，而与此截然相反的是，大量散户仍在疯狂买入，最终散户成为接盘侠，这
样的事例数不胜数。

韦尔股份是全球排名前列的中国半导体设计公司，股价从 2021 年 12 月 31
日的 311.89 元/股跌到 2022 年 9 月 30 日的 109.21 元/股，跌幅为 64.98%。事实
上，股价在见顶前后发出了诸多信号。例如，股价从 2019 年 6 月 11 日至 2021

年 7 月 12 日两年时间内暴涨了 726.92%，2022 年 1 月 5 日跳空低开大跌 7.87% 的大阴线，股价没有创新高，见顶迹象明显；1 月 25 日至 2 月 11 日出现罕见的 9 连阴，大跌 21.27%，说明空头实力十分强大；3 月 7 日公司股价大跌 5.61%，跌破了整理长达 1 年 2 个月（2021 年 1 月 5 日至 2022 年 3 月 7 日）的三重顶颈线，并且所有均线都空头排列。然而，公司的股东户数从 2021 年 12 月 31 日的 4.2 万户快速增加到 2022 年 6 月 30 日的 11.98 万户，2022 年 9 月 30 日更是达到了创纪录的 14.74 万户。

此外，还有一些散户对公司业务、经营成果、财务状况一无所知就重仓买入，全然不顾财务"地雷"存在的可能。这样的事例太多了。

3.2.3 人性弱点让风险乘虚而入

很多散户在股市中磨砺之后，对股市规则、炒股方法有所掌握，可以凭借自己的知识、能力、经验想方设法地阻止自己做出犯傻的行为，这样就获得相对可观的收益，但是在人性弱点的驱使下，散户往往会做出超出"知道"以外的操作，最终让风险乘虚而入。在众多的人性弱点中，贪婪和自傲与股市风险联系更为紧密。

（1）贪婪让规则形同虚设。

"贪婪"是股市投资之大忌。贪婪会使人失去理性判断力，不能果断执行纪律，让规则形同虚设，更会让人步入贫困的深渊。很多股民往往有过这样的经历：经过分析后找到了一只牛股，也买入了，确实该股也上涨了，按原来计划打算涨到多少就该卖出，但是当看到股价还在上涨时，就抱着一种"再看看、再等等"的贪得心态，无法按自己的纪律果断执行卖出指令，而当股价突然掉头向下时，卖出又心有不甘，于是自我安慰说反正还有盈利，等它涨了再卖吧！于是，最终把自己辛辛苦苦赚来的利润给看没了、等没了。这个时候往往会产生这种相似的想法："本来赚很多的，现在都没了，干脆再等等。"结果是，大赚变成小赚，小赚变成保本，保本变成亏损。归根结底，这是一种贪心和侥幸的心理在作祟。

（2）自傲让自己不认识自己。

散户往往有过这样的经历：每当碰到行情暴涨时，很容易得意忘形、骄纵自大、普遍乐观，以为自己是"股神"附体，乃交易天才，随时可以赚大钱、抓涨停。此时他们忘记了自己账户资金曲线的爬升很大程度上是大盘上涨的结果，并开始放松警惕，不自觉地承担超过自身能力的风险，认为股市的上涨可以一直持续下去，自己的运气不会那么差，不会是最后一个接棒的人。对此情形，查理·芒格用"池塘里的鸭子"做过形象的比喻："当牛市来临，代表证券市场的池塘水涨船高。作为一个投资者，假如你是池塘中的一只鸭子，随着暴雨倾盆而下，池塘的水位也会越来越高，你开始不断地上浮。这时候，你或许认为上浮的是你自己，并且因此而沾沾自喜，却想不到真正上浮的其实是池塘。"

3.3 股市风险应对之策

风险应对是炒股的核心环节。股市中的风险控制措施多种多样，风险控制手段百花齐放，风险控制工具也层出不穷，归结起来包括两个方面：一是只做大概率赚钱的交易，把赢面做大；二是守住败而不倒底线，在极端情况下做到败而不倒，确保风险可控。

3.3.1 只做大概率赚钱的交易

散户一定要记住：股市中要有所为，有所不为。在大概率赚钱的交易中，要有所为；在亏钱风险较大的交易中，要有所不为。

（1）理解"久赌必赢"。

股票交易的本质是概率游戏。就单笔交易而言，没有什么是百分之百的，既没有完美的买点，也没有十全十美的卖点，更不能百分之百地肯定某次操作可以盈利，无论是趋势研判、技术分析、报表解读，还是资金管理、风险控制，都是在综合评估股票交易的概率，从而做出最有利于获利的决策。根据概率理论，如果每一次交易都建立在大概率盈利的基础之上，那么单次交易的盈亏大小，甚至输赢与否，都显得不那么重要了。

假设我们建立的股票交易系统能确保每次交易盈利的概率达到70%，而且每次投入的本金一样。如果只交易一次，亏损的概率是30%；如果交易10次，亏损的概率就大幅度下降至5%；如果交易20次，亏损的概率就只有2%了。如果交易100次，那几乎是稳赚不赔了，盈利的概率高达99.998%（见表3-4）。

表3-4　高胜率下 N 次交易的神奇效果　　　　　　　　　单位：%

概率 ＼ 交易次数	交易 1 次	交易 10 次	交易 20 次	交易 100 次
盈利的概率	70	85	95	99.998
不赚不亏的概率	—	10	3	—
亏损的概率	30	5	2	—

（2）到鱼多的地方去钓鱼。

钓鱼者都知道：钓鱼一定要到鱼多的地方。在股市中，要想在这场概率游戏中取得成功，就需要通过大势判断来跟随大概率赚钱的趋势，借助技术分析来选择大概率盈利的时机，利用财报分析来回避概率大的地雷股，结合仓位管理和风险控制来防范小概率事件。永远站在大概率的一边，对于那种小概率获胜的投资不掺和，是股市交易系统的一个基本原则，更是一种投资理念。

在上升趋势、下降趋势、震荡趋势等不同行情下，交易的成功率不同。在上升趋势行情中，交易的成功率要好于其他行情趋势下交易的成功率；在下降趋势行情中，赚钱效应差，交易成功率大幅下降，尤其是在下降趋势末端，交易的成功率微乎其微。散户如果只在大概率赚钱的时候去交易大概率赚钱的股票，长此以往，想不赚钱都难。下面列举一些大概率赚钱的理念、方法、时机、形态等，供读者参考。

第一，熟悉游戏规则，尤其是退市规则。

第二，制订并严格执行交易计划，做到无计划不交易，坚持做好交易复盘。

第三，在赚钱效应明显时，做多强势板块，做多强势个股。

第四，只买均线多头排列的个股，尤其是短期均线多头排列的个股。

第五，只买放量大涨突破关键位置的个股。

第六，熊市不追涨，尤其是大幅高开时。

第七，买入符合经济发展趋势的个股。

第八，买入大消费行业"长牛股集中营"的个股。

第九，买入估值处于历史低位的蓝筹股。

（3）远离高风险点。

芒格说过："如果我知道我会在哪里死去，那么我就永远不会去那里。"散户一定要记住：股市中有所不为比有所为更重要。在股市中，散户一定要明白哪些股票可以做，哪些股票不可以做；何时操作盈利概率大，何时操作则亏损概率大。坚决不立于"危墙"之下，回避了"危墙"就可以大大地降低出现灾难性后果的概率。下面列举散户容易中招的风险较高的股票类型。

类型一：不熟悉的股。每个人的专业、职业、性格、经历等都不同，有些人对于钢铁行业比较了解，有些人对于医药行业比较熟悉，还有些人对柴米油盐酱醋茶、衣食住行等日常消费类个股更敏感。总之，散户要在自己熟悉的领域操作熟悉的个股，对不熟悉的个股坚决不做。如果超出了能力圈范围，遭遇损失的概率就会大大增加。

类型二：问题股。在全面注册制和监管日益严格的背景下，对那些业绩大幅亏损、大股东大比例质押、高位减持、监管处罚、媒体质疑的个股，尤其是那些被 ST、*ST 的上市公司股票，坚决不碰。事实上，回避了问题股，我们就规避了一半风险。

类型三：高位见顶股。股市中暴涨和暴跌是一对"孪生兄弟"，短期暴涨后的个股往往迎来的是暴跌。不管是因受突然的利好信息刺激而短期暴涨，还是慢牛股走主升浪而暴涨，只要是短时间上涨幅度超过100%，K线图垂直上涨达两周，甚至出现连续跳空涨停、"一"字板等高位见顶的加速形态，我们就把这些股拉入黑名单，坚决不买。如果一轮行情里一只股票被爆炒了三倍以上，那么几年内都不要去碰。以下是股价暴涨之后暴跌的例子：

坚朗五金（002791.SZ）：国内建筑五金行业的大型企业，是国内规模最大的门窗幕墙五金生产企业之一。2018年10月18日公司股价创下了2016年3月29日上市以来的新低，最低价为8.42元/股，收盘价为8.89元/股；之后公司股价开启了一波又一波的上涨，2021年8月11日收盘价为236.74元/股，以收盘价计算，不到3年时间累计上涨2608.91%。随后就是一轮又一轮的下跌，2023年10月23日收盘价仅为44.55元/股，两年多一点时间下跌了81.18%。

胜华新材（603026.SH）：我国新能源材料行业的领军企业，是全球唯一能够同时提供锂离子电池电解液溶剂、溶质、添加剂产品的全产业链公司。2019年2月13日公司收盘价为20.38元/股，成功站稳年线，结束了自2016年7月20日以来将近两年半时间的下跌。之后公司股价开启了上涨模式，至2021年9月17日收盘价高达332.09元/股，约两年半时间累计上涨1566.39%。其中，在2021年5月28日至9月17日的主升浪阶段，80个交易日就上涨了291.96%。随后下跌接踵而至，2023年10月26日收盘价仅为45.21元/股，两年左右时间跌幅高达86.39%。

3.3.2 守住败而不倒底线

底线是不可逾越的界限，是高压线。守之则安稳，越之则危险。股市中有太多的不确定性，在误判、错判以及碰到小概率事件时，要有底线思维，确保败而不倒。

（1）及时止损是"不倒防线"。

股市走势是不确定的，存在太多的不可预知性。有时候散户炒股业绩的好坏、大小并不完全取决于其能力大小、水平高低、技术好坏、策略优劣等内在因素，还与许多非市场的、偶然的因素有关。在股市中待的时间越长，遇到小概率事件的概率就越大。当遇到小概率事件时，及时止损不仅可以避免极端情况下的大幅损失，还可以让人置身事外，恢复心态，客观看待眼前的一切，为把握接下来的机会提供窗口。那些敢于止损、善于止损的人，是因为他们明白"留得青山在，不怕没柴烧"的道理，代表的是技术的进阶和心态的成熟。经验证明，"及时止损，最大限度地减少损失"是应对所有错判、误判以及小概率事件最有效的对策。如果连本钱都没了，无论有多么好的机会，也只能是旁观者，捶胸顿足，后悔莫及。

（2）从数据看止损重要性。

止损，无论怎么强调都不为过。"股神"巴菲特说："投资的第一条原则是保住本金，第二条原则是记住第一条。"黄圣根在《期货投资的艺术：在不确定性中寻找确定性》一书中总结出一副对联①：

上联：止损永远是对的，错了也对。

下联：死扛永远是错的，对了也错。

横批：止损无条件。

虽然期货交易风险较高，但是该对联同样适用于股市。对没有一定股市经验的散户来说，对投资大师关于风险的认识和敬畏的至理名言一时难以领悟。我们有必要以更直观的方式来加深散户对风险重要性的印象和了解。我们来看一看如表 3-5 所示的数据。

表 3-5 亏本后回本难度

本金（万元）	亏损幅度（%）	剩余本金（万元）	保本所需涨幅（%，不含各种税费）	溢价成本（%）
10	10	9	11.1	1.1
	20	8	25.0	5
	30	7	42.9	12.9
	40	6	66.7	26.7

---

① 黄圣根. 期货投资的艺术：在不确定性中寻找确定性［M］. 北京：机械工业出版社，2012：141.

续表

本金（万元）	亏损幅度（%）	剩余本金（万元）	保本所需涨幅（%，不含各种税费）	溢价成本（%）
10	50	5	100	50
	60	4	150	90
	70	3	233.3	163.3
	80	2	400	320
	90	1	900	810
	100	0	神仙也没用	—

从表3-5可以看出：本金亏损越小，回本的难度就越小；随着损失的增加，不仅需挣回原有损失，还需将溢价成本一同挣回才能回本，意味着挽回损失的难度上升。

如果本金亏损10%，回本需要上涨11%，这时回本的难度还不是很明显。

如果本金亏损20%，回本需要上涨25%，这时回本的难度开始显现，需要多赚5%才能实现盈亏平衡。

如果本金亏损50%，就需要翻倍地涨幅才能保本，慢慢地就觉得回本难了，压力也大了。

再进一步地，如果本金亏损60%，甚至更多，短期回本基本没有希望。也就是说，无论以前的操作多么成功，只要在此后的任何一次操作中遭遇重创，那么在没有追加资金的情况下要弥补亏损，将变得相当困难。

更极端的情况是，如果本金亏损100%，这回神仙也帮不了你。扁虫鱼在《投机者的扑克：操盘18年手记》中提到："翻倍多少次，破产都只需要一次。"德国"股神"安德烈·科斯托拉尼说过："一种股票最后可能上涨1000%，甚至10000%，但最多只能下跌100%。"这些都是再明显不过的警示了。

以上数据告诉我们：损失越小，挽回损失的难度越小，挽回损失的难度随着损失的增加而呈加速上扬之势。大多数人都知道，在股票下跌25%之后，上涨25%并不足以让他们盈亏平衡，因为要弥补先前的亏损，股票就必须反弹33%。

而要弥补40%的下跌，股票则需要上涨67%。这就要求我们在实际操作中必须避免遭遇大的亏损。

（3）遵循止损基本原则。

止损需要遵循一些基本原则，否则就会变得很随意。止损的原则很多，但是对散户而言，遵循三项原则就足以守住败而不倒的底线。

原则一：逻辑自洽。

买卖逻辑自洽，就是买卖股票的基本逻辑要前后一致。我们需要在理性、客观、系统分析的基础之上，从最初的研究、买入并持有某只股票到最后的卖出决策，这当中的每一个决策环节的思考过程都形成严格的逻辑自洽，否则很容易进行矛盾的操作。比如，价值投资的决策逻辑是股价和内在价值之间的关系。也就是说，当某只股票的价格低于内在价值时，做出买入该股票的决策，而只有当这只股票的价格高于内在价值时，才会做出卖出这只股票的决策。在现实生活中，我们会发现很多股民因为看好某家公司的基本面而买入该股票，但是买入之后股价跌了10%就急于卖出，理由是均线指标空头排列、出现大阴线、大盘走势不好。这种用基本面选股，却用技术指标进行短线买卖的方法，就是典型的买卖逻辑不自洽的例子。试想一下，如果在基本面分析之后认为某只股票的价格低于内在价值而买入该股票，那么在公司股价下跌而基本面没有发生变化的情况下，持有该股的安全边际将会更大，潜在投资回报率更高，此时应该做的是加仓而不是卖出股票止损。

原则二：避免情绪化止损。

情绪化止损就是根据情绪来交易，这是股市的大忌，也是散户常犯的错误。可以想象，一旦在股市中根据情绪来做买卖决策，那么好不容易建立起来的交易系统就形同虚设。可以肯定的是，这样交易结果就像浮萍，飘忽不定，时好时坏，但最终结局离不开被市场无情地淘汰。情绪化止损源自我们在交易之前没有做足功课。聪明的散户要建立股票交易系统，一定要在进场之前先设定止损。即在进场之前要很清楚若股票的运动和预期不合，必须在何点止损离场。因为一旦进场之后，所看到的、听到的一切都可能受到仓位的扭曲。另外，散户自身能力和心态素质也是导致情绪化止损的重要因素。有些散户心理素质较差，在股市中很怕赔钱，只要手中有股，内心就异常紧张。一条利空消息、大盘或个股的突然急跌等任何利空，都会让其开启卖出操作，想立马止损。

原则三：止损要快速果断。

很多股民虽然设定了止损，但是在股价触及止损点时舍不得，犹豫不决，甚至希望股价能反弹点，幻想、希望占据了主导，"铁的纪律"被抛到九霄云外，最后付出了惨痛的代价。比较专业的做法是，当股价达到止损条件时，要将不甘、幻想、寻找原因等全部放到垃圾桶中，我们要做的是立即采取相应的行动卖出，没必要浪费时间去弄清楚某只股票为什么下跌，而且很多股民也弄不明白其中的原因。即使持有的个股被套很多，我们也不能选择"躺平"，而是要认真评估，客观回答当前这个价位我们是否愿意买该股，如果答案是"否"，那么要果断"割肉"。"割肉"虽然很痛苦、无奈，但是手中的个股大势已去，也必须这么做，因为那是避免"从小亏到大亏，最后赔光"进而陷入更大痛苦的唯一方法。只有这样，我们才有时间、本钱和机会，去寻找其他好的投资标的，否则，将陷入两难境地，既经受亏损不断扩大的煎熬，也将失去更好的回本赚钱的投资机会。

（4）掌握止损常见方法。

如何止损，什么时候止损，需要掌握一定的方法。否则，所谓的止损，只不过是在"割肉"！一般而言，止损方法包括价格止损和时间止损。其中，价格止损是指在买入股票之后，股价跌至一定的价位就卖出。止损点的高低与风险承受能力、交易策略、经验水平有关，因人而异。有些波段交易者以下跌10%做止损基数，即10元/股买入某股，跌到9元/股就止损卖出；有些短线交易者则以3%作为止损条件；有些散户将止损点定在支撑线以下；有些散户有其他各种方法。但是，止损点要有一定的容错性，不能一遇到行情回调就离场。另一种止损方法是时间止损。时间止损就是买入一只股票后在确定的天数内没有按预期去表现就卖出，短线交易者使用该方法较多。

4 量身打造交易系统

面对错综复杂的股市，散户的生存法则是根据自己的知识、能力、阅历、性格等量身打造适合自己的交易系统，用交易系统的确定性来应对股市的不确定性，并逐渐形成行动自觉，实现在股海中遨游直至走向胜利彼岸的目标。

4.1 人人都需要交易系统

交易系统是应对股市风险的强大武器，是股市大师的标配。散户炒股如果没有完善的交易系统，就像运动员不穿护具去挑战险峰。股市很神奇，像一把天然的大筛子，总能甄选出散户有没有交易系统，并不断地把钱从那些没有交易系统的散户账户中转移到那些有交易系统的散户账户中去。因此，散户一定要建立自己的交易体系，永远不要低估交易系统的威力。交易系统的强大威力主要体现在以下三个方面：

威力一：避免亏损的防火墙。

避免亏损是建立股票交易系统的首要目的，或者说是股票交易系统的首要功能。我们知道，股市具有不可测性，小概率事件时有发生，任凭散户的炒股水平有多高，都不可能做到每次交易都百分之百正确。很多散户没有交易系统，结果是买卖股票随意性较大，对风险没有及时预警，买入一些风险较大的股票；当交易出现错误或者市场出现异常的时候，没有纠正机制，让盈利变亏损，小亏变大亏，浅套变深套。而当我们有了交易系统时，交易过程就变得标准化、程序化和机械化，随意交易、止损难、犹豫不决、患得患失的行为就会大幅度减少，更不会犯致命性的错误，出现灾难性后果的概率也会大幅降低。

威力二：实现盈利的垫脚石。

交易系统的第二个重要功能是帮助散户用合适的价格买入资产质量高、潜在收益率大、风险有限的个股，从而实现"久赌必赢"的目标。如果没有完善的交易系统，当我们在遇到绝佳机会时，就必然会畏畏缩缩，不敢下重手。

交易系统至少有两条路径帮助散户提高盈利水平：一是提高单次盈利的概率。虽然不存在稳赚不赔、每次都盈利的交易系统，但是建立了交易系统之后，散户的盈利能力就会发生根本性改变。以买入股票为例，散户在大盘赚钱效应明显，个股属于当前热点、均线多头排列、基本面无地雷时买入个股，再加入交易系统所必需的仓位控制、风险管理等其他要素，赚钱的概率就会大大提高。二是确保"久赌必赢"。一套良好的交易系统能确保赚钱的概率大于亏损的概率，即使在某次或某些时候遭遇至暗时刻，交易系统会让我们的投资心中有数，形成稳定的心态，经过多次重复交易之后，我们终将"久赌必赢"，获得很好的收益。

威力三：规范行为的监督者。

交易系统是对炒股过程思考、总结、改进和升华的过程，集成和浓缩了一系列具体化、规范化、量化了的交易规则。通过交易记录，散户的交易历史及其每一个环节都是有痕迹、可复核、清晰可见的。当犯错时可以清楚地知道自己哪个环节不足。每一位股民都或多或少地进行过情绪化交易。比如：看到盘中个股拉升而去盲目地追高，看到持有的优质好股盘中突然跳水而慌不择路地卖出；在连续亏损时加大仓位，在大额亏损时逆势加仓，在有一定浮盈的情况下害怕价格突然反向运动而平仓离场，进而错过一次大趋势等。更极端的是，股民可能遭遇"冰点割肉"、主升空仓、分歧接面、退潮追涨的情况。有了交易系统，就可以更加客观地观察市场，降低情绪对股票交易的影响，即使遇到突发事件，我们买入、卖出、持有以及加仓、减仓股票的时机和条件不再由个人情绪所主导，更多的是当触发交易条件时去执行自己的交易系统，跳出了"局内人"的身份，给人性弱点戴上"紧箍咒"，把自己的交易变成一种机械化的行为，这样就最大限度地降低了情绪对交易的影响，随意操作、不懂止损、频繁交易等错误行为就会越来越少。

4.2　交易系统自画像

我们经常听到"交易系统"这个名词，但目前对交易系统没有一个统一的界定。笔者认为，股市交易系统是股民对股市认知、炒股理念、操作经验等高度总结、浓缩化的交易规则体系的集合，包含大势判断、个股选择、时机选择、仓位管理和风险控制等核心要件。

4.2.1　大势判断

大势是散户最需要依靠的力量和最大的"同盟军"。无论采取何种交易模式、交易策略、交易方法，首先是要对大势有一个基本的、客观的判断，即了解真实的"市场先生"。只有把握大势，我们才能做到心中有数，不被股价的短期波动所左右，涨时拿得住，跌时有底气。同时，散户千万不要被所谓的"重个股轻大盘"所迷惑，绝大多数情况下"重个股轻大盘"是个伪命题。没有大盘走好，哪来个股走牛，正如"没有国，哪有家"一样的道理。此部分详细内容参见5.1趋势研判。

4.2.2　个股选择

虽然炒股炒的不完全是个股，但是选到好股是成功的基础。何为好股，不同的人有不同的答案，对应的是不同的操作手法和投资收益。散户要选到好股票，需要遵循"由大到小"、先行业再企业的基本逻辑。

（1）赛道"好"。

选股首先要考虑的是行业。近年来，"赛道"二字比较流行，尽管本质上"赛道"与"行业"差异不大，只是听上去比"行业"更加时髦而已。一般而言，赛道"好"的公司更容易取得良好的经营业绩，公司股票盈利概率也相对较大。根据1992~2006年美国行业盈利能力的统计分析，选对行业决定了投资资本收益率的高低，而且从行业的角度能解释大约40%的盈利能力。

那么，什么是好赛道呢？简单地讲就是"需求无限，供给有限"。需求无限意味着行业处于成长期，发展空间较大，如TMT产业，即科技（Technology）、媒体（Media）和通信（Telecom）行业。此外，与人的日常生活相联系的医药、消费品行业也属于成长性高的好行业。行业高增长固然是件好事，但我们不能把行业空间作为择股的唯一判断依据。这是因为，当一个行业高速成长，行业内的企业可以获得超额利润时，必然会吸引大量的资本流入，进而提高行业的总供给水平，加剧竞争，改变原来的竞争格局，最终使超额利润消失。因此，要避免行业供给过快，使企业持续稳定地获取超额利润，就需要有进入门槛，甚至是高门槛，形成良好的竞争格局。

当成长性与竞争格局相矛盾时，行业竞争格局比成长性更重要。一般认为，传统行业看上去是没有太大增长性的行业，甚至是夕阳产业。但是，随着行业"大浪淘沙"后产业集中度的提高，进入"剩者为王"的良性竞争格局阶段之后，剩下的企业往往能获得可持续的超额利润，股价也容易走出稳定上涨的趋势。水泥行业的海螺水泥是典型代表（见图4-1）。2016~2017年水泥行业供给侧结构性改革，行业集中度提高，行业竞争格局改善，公司股份走出了一波长牛走势。4 年多累计上涨 256.59%，年化收益率为 29.82%。

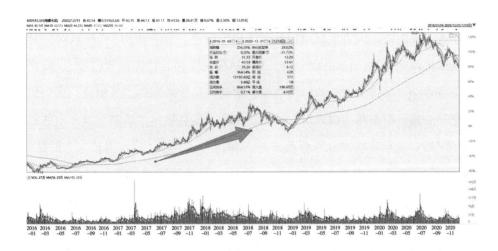

图 4-1　2016 年 1 月 4 日至 2020 年 12 月 31 日海螺水泥（600585.SH）日 K 线走势

（2）企业"优"。

打铁必须自身硬。即使是出自好赛道，公司的业绩及其股价走势也千差万别。以水泥行业为例，2016 年开始水泥行业供给侧结构性改革之后，2016～2018 年海螺水泥（600585.SH）开启一波长牛走势，4 年多时间累计上涨 256.59%，而同属于水泥行业的冀东水泥（000401.SZ）仅仅上涨 36.3%，福建水泥（600802.SH）还下跌了 10.04%，青松建化（600425.SH）跌幅竟高达 37.33%。

如果公司业绩及其股价是公司的"面子"，那么战略、品牌、管理、文化等是公司的"里子"，是决定公司股价的长期驱动因子。美国著名投资大师巴菲特眼中的超级明星股是那些业务清晰易懂、业绩持续优异、由能力非凡并且为股东着想的管理层来经营的大公司。国内知名投资机构深圳东方港湾投资管理股份有限公司把"长期稳定的经营历史；高度的竞争壁垒，甚至是垄断型企业，最好是非政府管制型垄断；管理者理性、诚信，以股东利益为重；财务稳健；负债不高而净资产收益率高，自由现金流充裕；我们能够理解和把握的企业"[1] 作为选择

① 但斌. 时间的玫瑰：全新升级版［M］. 北京：中信出版社，2018：74.

企业的标准。

在这里需要特别提及"护城河"。"护城河"的概念是巴菲特 1993 年在致股东信中首次提出的，但直至目前仍没有统一的标准。笔者认为，"护城河"是公司成功最重要的因素，包括无形资产（含品牌、专利、特许经营权等）、成本优势、渠道等。以品牌为例，谈到白酒股，想到的是贵州茅台、五粮液；谈到医药股，想到的是云南白药、白云山；谈到同仁堂，就会想到"炮制虽繁必不敢省人工，品味虽贵必不敢减物力"所蕴含的"精湛"和"诚信"。但是，"护城河"宽的公司股票并不意味着一定会上涨，而且"护城河"是动态变化的，并不是"护城河"宽的企业就可以高枕无忧。在当今新技术、新商业模式不断出现的时代，公司曾经拥有的"护城河"容易被侵蚀。曾经的畅销书《基业长青》中提及的 IBM、惠普、摩托罗拉、花旗银行、通用电气、索尼等明星公司，很多已经很平庸。诺基亚的手机市场占有率曾经非常高，从 1996 年开始连续 15 年占据手机市场份额第一的位置，但是在智能手机时代迅速衰落。

4.2.3　时机选择

在买"好的"基础上，需要买得好，也要卖得好，选择最适宜的时间点进行交易，这就是时机选择。时机选择的核心是要解决"何时买""何时卖"的问题。

（1）好股也需好时机。

好股很多，好时机比好股更重要。即使一个人在个股选择上很杰出，但如果股价被严重透支，那么再优质的个股也抵挡不了股价的价值回归，在价值回归到合理之前介入都将不是好的时机。例如，自 2021 年下半年开始，A 股大多数茅概念个股在经历大幅上涨之后走上了价值回归之路，两年来出现大面积下跌（见表 4-1），石头科技（688169.SH）、科沃斯（603486.SH）、通策医疗（600763.SH）、韦尔股份（603501.SH）、华熙生物（688363.SH）、歌尔股份（002241.SZ）等行业龙头股两年内最高价的跌幅均超过 70%，让股民深套不已。

表4-1 2021年7月1日至2023年6月30日茅概念跌幅前十名个股情况

证券代码	证券简称	区间自最高价的最大跌幅（%）	区间最高收盘价（元/股）	区间最低收盘价（元/股）
688169.SH	石头科技	−77.65	1337.48	229.20
603486.SH	科沃斯	−77.58	250.19	58.30
600763.SH	通策医疗	−77.23	411.82	96.00
603501.SH	韦尔股份	−73.83	341.56	71.70
688363.SH	华熙生物	−72.88	307.00	86.87
002241.SZ	歌尔股份	−71.55	57.40	16.82
300274.SZ	阳光电源	−68.91	172.54	57.60
300122.SZ	智飞生物	−67.75	196.35	42.68
300014.SZ	亿纬锂能	−65.70	148.75	54.03
300015.SZ	爱尔眼科	−65.38	71.28	18.55

注：区间最高收盘价、区间最低收盘价选用不复权价格。

（2）买入时机。

由于选择一个好的买点不仅提供了很大的回旋余地，而且对持仓收益有着巨大影响，因此是绝大多数散户最为关心的问题之一。在这里需要提醒的是，买入时机或者买点不是一个固定的个股价格和指数点位，而是一个区间概念。很多散户往往不切实际地把买点看成是一个固定的价格点，结果是，当看好的个股涨幅超过预设买入价的10%，甚至5%、3%时犹豫不决，臆想股价回调后再买入，而好股根本就不给回调的机会，很容易就眼睁睁地错过赚钱的机会。同样地，卖出时机或卖点也是一个区间概念。对买入时机的选择，要从大盘和个股两个层面来考察。

在大盘方面，当大盘处于上升趋势、市场估值不高、资金充裕、政策宽松、业绩较好、赚钱效应好时，买入盈利的概率较大。以赚钱效应为例，赚钱效应是买入时机的重要参考依据，我们可以从涨跌比（上涨家数与下跌家数的比值）、涨跌停数量、连板数量、连板股的高度、连板股的梯度、炸板率、龙头效应等角度来判断大盘的赚钱效应。如果市场上涨个股及涨停数量少，炸板率高，连板高度有限，个股涨跌杂乱无章，板块效应弱，热点持续性差，个股脉冲冲高回落多，这时候赚钱效应就比较差，买入被套的风险较大，就不是好的买入时机，以休息为好。我们一定要根据自身情况动手制作并完善赚钱效应监测表。这里一定要重视龙头股效应。龙头股对板块甚至对大盘的人气带动特别明显。如果一轮调整或者下跌下来，龙头股的高度板不断突破，由 3 连板到 5 连板，再到 7 连板甚至更高，而且龙头股带动效应和板块效应明显，即只要龙头股异动上涨，板块内其他个股就会广泛响应，甚至带动其他板块个股上涨，这预示着大盘见底，是短线买入的绝佳时机。相反，如果近期的热点题材股尤其是龙头股暴跌，出现 2 个以上连续跌停，说明赚钱效应差，短线到头，只能卖不能买。

在个股方面，当个股处于热点板块、股性活跃、资金关注度高、处于上升趋势、基本面较好、估值低、中低市值时，买入盈利的概率较大。以行业事件性危机导致被错杀的低估值股为例，2008 年的三鹿奶粉事件、2012 年白酒行业的塑化剂风波，分别使整个行业几乎所有上市公司的估值都出现集体的非理性大幅下降，这是极佳的捡漏机会。随着估值的修复，在低位买入被错杀的低估值股出现难得的获利空间。

（3）卖出时机。

当买入后，之前所有的分析、判断都对走势起不到一点作用。走势是市场说了算，不是个人说了算。股民唯一能做的就是决定什么时候离开，所以股市中有"会卖的是师父"的说法。那些没有卖出标准和原则的散户，往往以"股价已经上涨了20%，该落袋为安了""股价跌了10%""大盘开始下跌了""近期股票利空消息较多""其他股票涨得很好，而我的股死活不动"等为卖出依据。显然，这些理由毫无科学性可言。正确的卖出时机应基于以下理由：

第一，纠正买入错误。即使建立了股票交易系统，也不能确保每次都能有效地执行到位，或多或少地会有摆脱交易系统约束的情况，尤其在交易系统构建初期更是如此。这个时候我们需要纠正买入时的错误做法，而不管此时的股价是涨是跌，账户是盈利还是亏损，都需要第一时间卖出。

第二，不符合买入逻辑。买入股票之后，需要对买入逻辑进行监测。随着时间的推移，我们持有股票的公司可能发生重大变化，最为典型的是公司基本面发生长期的重大变化，如 2012 年的酒鬼酒塑化剂超标事件，此时需要及时卖出股票。需要注意的是，这里的基本面发生变化是指长期的重大变化，而非短期的负面消息。从短期看，上市公司几乎每天都会有各种各样的好消息和坏消息。我们不能被这些消息牵着鼻子走，一有风吹草动就卖出股票。

第三，符合卖出标准。买入的股票，如果股价涨幅达到了卖出的标准，或者受利好消息影响短期出现翻倍甚至更大的涨幅等，我们都应该卖出。笔者对短期涨幅较大的个股的均线卖出标准是，放量滞胀跌破 5 日线时卖出，5 日、10 日、20 日线短期均线空头排列时坚决卖出。

第四，发现更好的机会。在买入 A 公司之后，可能会发现更好的 B 公司，也就是性价比更高的股票，但是如果继续买入 B 公司的话，则不符合仓位管理的要求，此时需要卖出 A 公司。这里的前提是，B 公司比 A 公司明显更符合买入原则和标准，否则会陷入频繁换股的结果。

4.2.4　仓位管理

仓位管理也称为资金管理，是指通过合理安排资金的比例和投入方向，在控制风险的同时，力争投资收益最大化。仓位管理是散户最容易忽视的交易系统要素，90% 以上的股民都输在仓位管理上。散户一定要补上仓位管理薄弱这一课，坚守仓位管理的原则，向盈利时重仓位、亏损时轻仓位的目标迈进。

（1）仓位管理是决定盈亏的关键。

索罗斯曾说："在投资上，重要的是不在于你对或错，而在于当你正确时，你赚了多少钱；当你错误时，你赔了多少钱。如果你在正确时赚的钱却不多，这种正确也没什么可得意的。"这告诉我们，仓位控制何等重要。在股市中，大盘是无法预测的，股票涨跌也是无法预测的，我们能够控制的除什么时候进出场之外就只有仓位了。如果不懂市场分析、没有时间盯盘，又不具备坚强的性格，只要做到严格的资金管理，就不会在投机市场中出现太大的风险。如果说资金是战争中的士兵，那么仓位管理就是排兵布阵。一个人即使再英勇无畏，但是如果不懂得运筹帷幄，仅靠来回杀进杀出，可能会发现不仅无法扩大战果，还损兵折将。

仓位管理的最大作用是让一个人保持一个良好的心态。当仓位较轻时，对市场的见解充满了弹性，而一旦仓位加重，精神自然会变得相对紧张，失去敏锐的市场判断力，"屁股"就逐渐变成了脑袋；当满仓持有时，价格些许变动就会产生巨大的盈亏，从而左右情绪，或者恐惧，或者狂喜，这样的交易结果是不可能理想的。试想：一个人全部身家 100 万元，满仓买入亏损 50%的心理和轻仓 10 万元亏损 50%的心理会有何不同？满仓的心态都可能崩了，甚至有点恐惧感、绝望感，更不用说能不能做出正确的判断了。反而，如果一个人只是轻仓持有 10 万元，手上还有"子弹"，那么无论后市是涨是跌，他都能安然适应。

除稳定心态的功效之外，仓位管理的另一个重要作用是助赢止亏。每次交易仓位的大小不是随意的，而是有一个大概值。交易胜率和盈亏比是影响仓位大小的重要因素。当一笔交易盈利的把握较大时，散户就可以多投入资金；对一些盈利空间不大的个股，可以少投入或者不投入。如果股价走势与预期一致，那么长期的投资业绩将是可观的。当然，通过仓位管理也可以降低孤注一掷以及在亏损时被深套的风险。有时候一个人会变得很自信，下重注，或许他赢的概率有 90%，但依旧有可能输，一旦输了就可能直接崩盘。在股市中，同样存在这样的现象，但是如果在交易系统中有仓位管理这一环节，系统就会发出仓位预警，避免赌一把的冲动。

（2）遵循仓位控制原则。

仓位控制的原则很多，但对散户而言，最简单、最实用的原则是"舒服"，也就是说，他不为股市仓位大小、轻重而担忧。当然，是否为仓位担忧或者担忧的程度与个人能力、市场经验、操作水平、市场行情、风险承受能力等诸多因素相关。例如，当股市处于底部位置时，经验丰富的老股民可能看到的是希望，开始逐渐建仓并不断加重仓位，而对经验欠缺的新股民来说，他们正处于恐慌甚至绝望的边缘，减仓"割肉"成为此时的首选。除仓位管理的基本原则之外，还有以下三个原则是"雷打不动"的：一是不轻易满仓。如果在股市中满仓操作，除非一个人胜率是100%（而这是不可能的），否则小概率事件一样可以轻松打败他。"翻倍N次，破产只需一次。"炒股不是赌博，不要想着一次性投入全部筹码，过把瘾就好。此外，拥有一定的可用资金会让人保持冷静思考，并拥有选择的权利，在机会来临时能够第一时间抓住。二是不押注某股。分散持仓能降低爆雷风险，但也不是说要过于分散，毕竟个人精力有限，不能面面俱到。对于散户来说，3只以内的持仓是比较合理的选择。三是慎用杠杆。融资是仓位管理最容易出问题的地方之一。无论什么时候，都要慎用杠杆。

（3）配置合理的仓位。

合理的仓位是指在盈利的时候仓位大一点，亏损的时候仓位小一点。要做到仓位合理，散户需要在仓位管理的以下三个环节下功夫：

首先是总体仓位。总体仓位的大小，不仅需要考虑经济环境、大盘强弱、板块风格、赚钱效应等外部因素，还要结合自身的资金体量、风险偏好、个人能力等。一般而言，当行情好时，赚钱效应明显，如果对行情把握较大，仓位可以适当重些；反之，则"买少点，少买点"。当然，还有一个我们听得最多的凯利公式，该公式可以根据胜率、盈亏比得出仓位的大小。

其次是个股仓位。个股仓位要处理好至少三个问题：一是个股数量。如果资金在100万元以下，建议给自己定一个持仓个股原则，同时持股不超过3只，最多不超过5只，这样就在无形中迫使自己去深入研究，谨慎决策，把握大盘走势。二是个股分布。持有的个股要按不同板块分仓，这样才不会同涨同跌，而如果全部持有同一板块，就失去了分仓的意义。三是分批建仓。看好一只股票时，最忌讳的就是一次性满仓买入。采取分批买入就相当于试探性建仓，通过分批买入确认趋势才能加大胜率。

最后是仓位调整。任何投资者都不可能一直正确，总会有看错、做错的时候。因此，整体仓位、个股仓位、持仓数量等都不是一成不变的，当预判与实际走势不一致时，要及时调整。我们经常会碰到这种问题：假如持仓数量为5只，那么这几只股票的仓位是等比例持有，还是进行其他分配？大卫·斯文森提出了一套独创的"资产再平衡理论"，其基本内涵如下：假如有10只股票，每只股票分配总资金的10%。每隔一段时间，如半年，如果哪只股票涨多了，导致其市值占比过高，如超过20%仓位比例，那么可以逢高抛出部分筹码，恢复到10%仓位比例。这就是动态再平衡操作。另外，当我们买入就亏损，且是连续买入、连续亏损的时候，就是给我们发出降低仓位甚至空仓的警示了。

4.2.5　风险控制

"得分靠进攻，但赢得比赛靠防守。"这句话说的是篮球比赛要想得分就必须进攻，把球扣进对方的篮筐里，而要赢得整场比赛就必须得靠防守，不让对方把球扣进自己的篮筐里。这句话道出了我们在股市上赚钱的核心要点。或许我们的交易系统中其他环节都做得很好，在一段时间内帮助我们获得了丰厚的回报，但是如果交易系统中"风险管理"项缺位，那么当突发事件（如"黑天鹅"事件）来临时，就会束手无策，甚至前功尽弃。在每次入市之前都要做好"如果我判断错了，结果会怎样，我该怎么办"的应对策略。正如汽车不可缺少刹车一样，风险控制是交易系统必不可少的内容和环节。事实上，大势判断、仓位管理、时机选择和个股选择都是广义风险控制上的内容和方法，均属于对股市风险的控制。我们可以回顾前文相关内容，虽然止损不完全等同于风险控制，但是对于散户而言，读懂了"止损"就理解了风险控制。

4.3　优秀交易系统的标准

股市大师的盈利秘诀是找到适合自己的股票交易系统，并根据交易环境和自身特点不断修正和完善交易系统，以神奇的"复利效应"实现财富的积累。

4.3.1 适合自己的才是最好的

股市中没有放之四海而皆准、只赚不赔的"投资圣杯"，只有综合考虑自身的投资理念、性格特点、能力水平以及市场环境等因素量身定制的交易系统，才会让我们大概率赢得炒股这场"游戏"。

（1）股市中没有"投资圣杯"。

炒股方法很多，根据市场消息、资金流向、技术图表、个股估值等炒股都能赚到钱。这些方法侧重不同，各有所长，并不存在哪一种方法比其他方法更好或者更差，我们只要将其中的某一种功夫练到极致，就可以获得出色的结果。国内期货实战派代表青泽在《澄明之境：青泽谈投资之道》一书中提到："我曾经是个盲目疯狂的赌徒，曾经在无数的交易思想、方法之间摇摆不定，曾经妄想建立全天候的操作体系，所有这一切带来的结果可以概括为两个字：失败!"[①] 因此，盲目地去寻找战胜市场的"投资圣杯"终究会竹篮打水一场空，枉费心思。

（2）合脚的鞋穿起来舒服。

炒股方法无好坏，只有适合不适合。很多散户总尽力去模仿他人的交易，却从不考虑与自己的交易目标、性格特点、经历阅历、禀赋能力等因素是否相匹配，他们没有真正弄懂交易系统的威力在于"量身"。

评价交易系统"合身"的重要标准是该系统让我们感到舒服和自信。只有让我们感到舒服和自信的交易系统才更容易得到执行。否则，即使交易前、交易中和交易后的各个环节不断地提醒自己要无条件地执行交易系统，也往往事与愿违，很难长期做到知行合一。结果是，好不容易构建的交易系统如空中楼阁，不仅不能真正发挥威力，还在交易时会很自然地被抛于脑后，最终凭感觉买卖，情绪化交易。当交易系统得不到执行或者执行起来走偏时，就相当于交易系统得不到检验，我们就不知道交易系统的好坏和问题所在，也就谈不上去完善交易系统，更会让交易系统成为可有可无之物。

---

① 青泽. 澄明之境：青泽谈投资之道［M］. 北京：北京联合出版公司，2017：189.

（3）明确投资理念是交易系统的"第一大课题"。

投资理念是对投资者的投资哲学、交易动机、投资心理等多种因素抽象而又高度的概括，是投资者投资目的和意愿的价值观，简单地讲就是一个人想在股市中如何持续赚钱。例如，短线交易主要依据情绪面、资金面、技术面或消息面操作。当买入的股票走势与预期不符时，哪怕错了也要及时跑路，风险控制意识及交易纪律才是最重要的。卖出股票之后，哪怕股价再上涨一倍，也不应该有所顾虑。长线投资要把主要精力放在基本面上，而对股价波动尤其是日常波动不用太费神。一旦选择了投资理念，最重要的是一以贯之，坚持并不断提升自我。绝大多数散户很少去思考这一问题，他们也不知道投资理念如此重要，更不知道投资理念对交易系统的重要作用。如果我们不理解、不深悟投资理念，交易就容易混乱，一会儿超短，一会儿波段，一会儿价值投机。尤其是在市场大涨或暴跌期间，投资理念会经受考验。笔者经常看到很多所谓的价值投资者所持股票长时间涨幅较少而其他个股不断创新高时，变成短线交易者买入那些热点题材股。

（4）不可忽视的性格因素。

散户在构建股票交易系统时，除要回答投资理念的问题外，还有性格因素是必须要高度重视的。我们知道，不管是哪一行，取得骄人的业绩都与性格相关，在股市中尤为如此。我们每个人都有自己的性格，性格没有优劣之分，最为关键的是在打造交易系统时要与性格相匹配（见表4-2）。

表4-2　不同性格类型投资者的行为表现

性格类型	操作风格	行为表现
激进型	短线操作	几乎每天都收集各种各样的信息，对各种机会都表现积极，偏爱波动性强的市场或个股，经常追涨杀跌，交易频繁
稳健型	中线操作	注重基本面分析，偏爱公众类、业绩较好的个股，以波段操作为主，交易频率适中
保守型	长线操作	注重直觉，偏爱知名度高、人人皆知的优质蓝筹股，很少关注股市，极少看盘复盘，交易次数也很少

由着性子、随心所欲，或者逆着个性、跟自己反着来，都是与交易系统格格

不入的。研究显示,一些特殊性格的人在股票投资时容易呛水、摔跟头,遭遇失败。例如,情绪不稳定的人难以对股市保持客观,盈利时兴高采烈、忘乎所以,亏损时灰心丧气、怨天尤人。个性偏激的人偏向于坚信自己的片面判断,听不进任何忠告。优柔寡断的性格在股市中容易盲目跟风,或举棋不定,让市场牵着鼻子走。对这些性格的股民而言,还需要进行必要的性格塑造,从日常生活中的一点一滴做起。投机者对待交易的态度与日常生活中的态度基本是一致的。试想一个平时就习惯率性而动、天马行空,难道在交易时不会体现出来吗?

4.3.2 稳定盈利是硬道理

(1)优秀的交易系统需要用业绩说话。

实践是检验真理的唯一标准。股票账户是交易系统优秀与否的检测机。我们要经常对自己的股票账户进行评测:如果股票账户是盈利的,说明自己的交易理念、交易技术、交易纪律是正确的;反之,则是错误的,是我们打造了错误的或者有瑕疵的交易系统才导致了亏损。如果一个人执行交易系统后连续亏损多次,好几个月都亏损,半年、一年甚至更长时间都亏损,以后他还会严格执行自己的交易系统吗?此时他对自己交易系统的盈利能力是质疑的、是不信任的,而在不信任的环境下,自然就不会严格执行了。

(2)盈利质量高是优秀交易系统的体现。

盈利质量高主要从绝对性、稳健性和持续性三个方面来衡量。

一是盈利的绝对性。我们经常会持有多只股票,有些是盈利的,有些是亏损的。只要是股票账户总的盈利金额大于总的亏损金额,就称为绝对盈利。账户绝对盈利是盈利质量高的基础,凡是不能获得绝对盈利的交易系统都不是好系统。我们不能以"跑赢大盘""亏得少"来做借口或托词。如果我们构建的股票交易系统不能带来收益,那么该交易系统就失去了存在的意义。

二是盈利的稳健性。交易系统是应对股市善变本质的"撒手锏",稳定盈利是衡量交易系统优劣的重要标准。稳定盈利并不是要求笔笔操作成功、次次稳赚不赔，我们也没有必要一味去苛求每一笔交易的得失，单笔交易的成功概率也不可能无限提高。我们所追求的稳定盈利是较小亏损基础上的较大盈利，体现为波动较小的资金曲线。股票资金账户出现一定回撤是很正常的，但盈利的大起大落、资金曲线出现特别大的波动是忌讳的。

三是盈利的持续性。良好的交易系统要经得起时间的检验。在股市中，凭运气遇上牛市、踩中牛股赚点钱是完全有可能的。这种盈利可能只是个案，个案的成功并不能说明交易系统是有效的。因此，股民很难守住胜利果实，更多的是坐"过山车"，眼睁睁地看着股票账户慢慢缩水。事实上，在股市中偶尔赚点钱不难，难的是"持续"二字。这里的"持续"并不是要求天天有钱赚、每只个股都盈利，而是在一定的时间周期内盈亏相抵之后投资组合有盈利即可。

4.3.3 与时俱进是生命力

任何交易系统都不可能一次到位。要时刻清醒地认识到，让我们的交易体系与股票市场一起进化才能确保交易系统的强大生命力。

（1）优秀的交易系统是一个持续改进的过程。

每一位股民的水平参差不齐，即使是身经百战的老股民，构建的交易系统不可能一开始就是完整的、成熟的，必然有一个不断检验、持续完善的过程。一个完整的、成熟的交易系统每个环节的强弱可能不一样，如果不完整、不成熟，市场一定会在某个时候"教育"投资人将其补充完善。股市中没有一成不变的交易体系，我们的投资策略或投资方法或许能适应某个时期、某个阶段、某类题材，做到一时赚钱、偶尔赚钱，但不能适应每个时期、每个阶段、每类题材，做到时时赚钱、一直赚钱。就像业内流传的那句话："明星"常有，而"寿星"不常有。因此，需要寻找并不断完善交易系统。

在执行交易系统的过程中，交易系统会不断地给我们反馈交易的成功率、亏损率、连续亏损次数、连续亏损金额、最大资金回撤等关键信息，进而督促我们去不断地改进、迭代和完善交易系统。我们根据市场的变化加入一些新的元素，根据自己的交易经验融入一些新的内涵，才能彰显出交易系统强大的生命力，更好发挥交易系统的重大作用。同时，我们也要对交易系统的各种特征、缺陷、可能遇到的问题等了如指掌，明白交易系统的局限性。如果一个人对自己的汽车了如指掌，当某个部件出现问题时，他便不会惊慌，知道是哪里出了问题，一切尽在掌控之中。当我们充分地了解自己的交易系统，从骨子里信任自己的交易系统时，执行交易系统也会变得自如。

（2）优秀的交易系统都是环境的产物。

每个交易系统只适应于特定的环境，而市场是善变的，即便一个人学习了 N 种方法，也会有 N+1 种市场走势让其无计可施，让其交易系统失效。当环境发生变化时，我们的交易规则、交易方法乃至交易系统也要做出相应的改变。因此，我们需要持续改进，构建适用不同场景的交易体系。

让我们来看看相对较为稳定的赚钱模式。通俗地说，赚钱模式就是一套赚钱的方法，但在股市中有一个"定律"，即赚钱的策略有效期都很短，因而股市中的赚钱模式总是在变，只能各领风骚一段时间。一些在过去看似有效的赚钱模式，随着模式的普及、外部环境的变化，会渐渐失灵，甚至无效。邱国鹭认为，世界上不存在每年都有效的投资方法。一个投资方法能长期有效，正是因为它不是每一年都有效。如果一种投资方法每年都有效，这种投资方法很快就会被别人套利套光了①。《股市稳赚》《股市天才》的作者，乔尔·格林布拉特对价值投资方法也持类似的观点。格林布拉特认为，正是因为价值投资不是每年都有效，所以它是长期有效的。如果它每年都有效，未来它就不可能继续有效。听起来像是个悖论，但事实就是这么简单。

---

① 邱国鹭. 投资中最简单的事［M］. 北京：中国人民大学出版社，2014：54.

5 坚持顺势而为

古往今来，所有有成就者，皆是做"势"者！"势"是散户最大的同盟军、最强大的王者之剑、最大的行情。散户一定要尊重市场，把趋势当作最好的朋友，千万不要和市场趋势作对，更不要幻想能逆势而行、一枝独秀。在大势面前，任何技巧都是雕虫小技、无关紧要的。大势判断出错，再精明也难免大败局；大势判断准确，面对短期的起落，尽可以安心睡觉，"看天上云卷云舒"，"望庭前花开花落"，即使短期个股把握稍有差池，也不至于输得太惨。

5.1 趋势研判

大势是性命攸关的，坚持顺势而为，首先是要心中有"势"，知晓趋势的力量，懂得趋势的特点，并能正确地判断趋势。

5.1.1 时势造牛股

不谋全局者，不足以谋一域；不谋万世者，不足以谋一时。无论是哪个国家、哪个行业的成功者，很大程度上都不是由他自己的个人能力决定，而是由大趋势决定的。最好的赚钱机会其实只有一个，就是"猪"都会赚钱的时候！再牛的"股神"，再牛的技术，都是趋势的产物。股市奇才巴菲特的成功固然与其超人的投资禀赋和后天的努力有关，但美国股市长期走牛也是其成功的极为重要的因素。

在我国经济发展的不同时期，各行业个股的表现差别很大。取得良好的投资业绩的前提是与符合时代发展方向的板块个股同行。如果偏离了时代的主旋律，再优秀的股票也难以取得优异的业绩。例如，2000~2009年有色金属、煤炭、钾肥等资源领域出现了当时涨幅最大的一批个股，但在2010年以后表现糟糕，取而代之的是科技、医药行业的新秀。笔者将过去30多年的经济发展历程简单划分为三个阶段，发现过去股市走势与经济发展体现出很强的一致性。

第一个阶段（1990~1999年）：轻工业发展阶段。在这一阶段，我国经济初步确立社会主义市场经济，居民收入持续增长，对纺织、家电、电子、五金、食品、日化、轻工机械、服装等生活用品的需求持续增加，同时改革开放也使我国在这些领域的出口优势得到体现，轻工业得以快速发展。在A股市场上，由于股票市场处于成立初期，股票数量有限，1990~1999年涨幅最大的10只A股更多体现的是上市公司的稀缺性，即"壳"资源的价值，而和公司业绩关系相对较小。但如果从涨幅前50名的公司来看，轻工业是产生优质个股最多的领域，包括四川长虹（第21位，涨595%）、伊利股份（第24位，涨526%）、泸州老窖（第29位，涨448%）、春兰股份（第37位，涨395%）、深康佳A（第42位，涨368%）等耳熟能详的上市公司。

第二个阶段（2000~2009年）：重化工业发展阶段。我国加入世界贸易组织，并开启了住房市场化，双重动力驱动下的重化工业快速发展阶段，反映在A股市场就是重化工产业相关股票涨幅较好。在2000~2009年这十年中，A股涨幅前20名股票大致可以分为三类（见表5-1）：第一类是采掘、机械设备、有色金属、汽车、房地产、化工等中上游行业。其中，上游原材料行业中涨幅较大的上市公司有山东黄金、中金黄金、神火股份、山西焦煤、华阳股份等；中游机械设备、汽车、化工、房地产行业中涨幅较大的上市公司有中联重科、宗申动力、福耀玻璃、盐湖股份、华侨城A等。第二类是券商。海通证券上涨50.96倍，居第一位；中信证券上涨17.20倍，排第八位。第三类是医药生物、食品饮料等大消费行业，包括贵州茅台、云南白药、泸州老窖、双鹭药业、华兰生物等。

表5-1 2000~2009年沪深A股涨幅前20名

排名	证券代码	证券简称	区间涨跌幅（%）	上市日期	所属申万一级行业
1	600837.SH	海通证券	5096	1994年2月24日	非银金融
2	600547.SH	山东黄金	3932	2003年8月28日	有色金属
3	002024.SZ	ST易购	3366	2004年7月21日	商业贸易
4	600519.SH	贵州茅台	2098	2001年8月27日	食品饮料
5	000792.SZ	盐湖股份	2072	1997年9月4日	化工
6	600489.SH	中金黄金	1887	2003年8月14日	有色金属
7	000538.SZ	云南白药	1829	1993年12月15日	医药生物
8	600030.SH	中信证券	1720	2003年1月6日	非银金融
9	000933.SZ	神火股份	1692	1999年8月31日	有色金属
10	000157.SZ	中联重科	1651	2000年10月12日	机械设备
11	600150.SH	中国船舶	1611	1998年5月20日	国防军工
12	000069.SZ	华侨城A	1579	1997年9月10日	房地产
13	000568.SZ	泸州老窖	1574	1994年5月9日	食品饮料
14	002038.SZ	双鹭药业	1551	2004年9月9日	医药生物
15	000983.SZ	山西焦煤	1533	2000年7月26日	采掘
16	000651.SZ	格力电器	1524	1996年11月18日	家用电器
17	001696.SZ	宗申动力	1513	1997年3月6日	汽车
18	600660.SH	福耀玻璃	1506	1993年6月10日	汽车
19	002007.SZ	华兰生物	1465	2004年6月25日	医药生物
20	600348.SH	华阳股份	1455	2003年8月21日	采掘

注：所属申万一级行业为申万2014分类标准。

资料来源：Wind。

　　第三个阶段（2000~2021年）：中国经济开启了从外需向内需、从投资向消费、从要素投入向科技创新的转型。在重化工业发展阶段表现较好的中上游行业基本退出历史舞台，新登场的涨幅靠前的个股集中在信息技术、新医药、新能源、新材料等新兴产业中（见表5-2）。例如，涨幅最大的隆基绿能是新能源行业光伏龙头，全球最大的单晶硅生产制造商，而涨幅第二的亿纬锂能是锂亚电池居世界前列、锂原电池居国内领先地位的电池供应商。

表5-2 2000~2021年沪深A股涨幅前20名

排名	证券代码	证券简称	区间涨跌幅（%）	上市日期	所属申万一级行业
1	601012. SH	隆基绿能	5874	2012 年 4 月 11 日	电气设备
2	300014. SZ	亿纬锂能	5219	2009 年 10 月 30 日	电气设备
3	600436. SH	片仔癀	4913	2003 年 6 月 16 日	医药生物
4	300450. SZ	先导智能	4706	2015 年 5 月 18 日	机械设备
5	002475. SZ	立讯精密	4060	2010 年 9 月 15 日	电子
6	300390. SZ	天华超净	4031	2014 年 7 月 31 日	电子
7	002049. SZ	紫光国微	4017	2005 年 6 月 6 日	电子
8	002709. SZ	天赐材料	3933	2014 年 1 月 23 日	化工
9	600763. SH	通策医疗	3703	1996 年 10 月 30 日	医药生物
10	300059. SZ	东方财富	3453	2010 年 3 月 19 日	非银金融
11	300015. SZ	爱尔眼科	3150	2009 年 10 月 30 日	医药生物
12	300347. SZ	泰格医药	3078	2012 年 8 月 17 日	医药生物
13	300601. SZ	康泰生物	3051	2017 年 2 月 7 日	医药生物
14	603501. SH	韦尔股份	2992	2017 年 5 月 4 日	电子
15	603799. SH	华友钴业	2875	2015 年 1 月 29 日	有色金属
16	603986. SH	兆易创新	2820	2016 年 8 月 18 日	电子
17	300274. SZ	阳光电源	2749	2011 年 11 月 2 日	电气设备
18	002714. SZ	牧原股份	2738	2014 年 1 月 28 日	农林牧渔
19	002371. SZ	北方华创	2693	2010 年 3 月 16 日	电子
20	300604. SZ	长川科技	2676	2017 年 4 月 17 日	机械设备

注：所属申万一级行业为申万2014分类标准。

资料来源：Wind。

5.1.2 趋势绝非简单的直线运动

事物的发展是螺旋式上升和波浪式前进的，股价的运动也不可能一蹴而就，更多的是三步一回头，波浪式运动。以人民网（603000.SH）周线走势图为例（见图5-1），虽然从2013年1月4日到2022年12月30日的10年间，人民网股价从8.86元/股上涨至16.79元/股（前复权价），累计上涨了91.16%，总体趋势以上涨为主，但是从周线走势图来看，股价有明显的上涨、横盘和下跌走势，而且各种大趋势下又包含小级别的趋势，即在上涨趋势中有小级别的横盘趋势和下跌趋势，在横盘趋势中有小级别的上涨趋势和下跌趋势，在下跌趋势中同样有小级别的上涨趋势和横盘趋势。

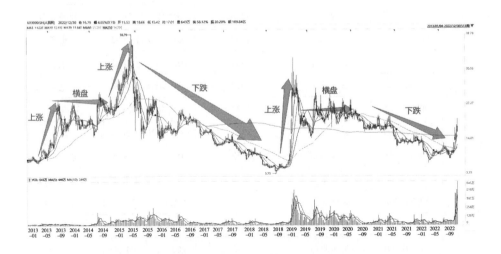

图5-1　2013年1月4日至2022年12月30日人民网（603000.SH）周线

很明显，趋势并不是说股价每天、每周或每月都上涨或者下跌。在不同的周期视角下，同一只股票呈现出不同的投资结果。人民网（603000.SH）股价走势如果以日、周、月以及年为观察周期，呈现涨跌互现的态势；如果以季度为观察周期，上涨下跌比为4∶6，变为涨少跌多；如果以半年为观察周期，上涨比例占 55%，下跌比例占 45%，又变为涨多跌少（见表 5-3）。因此，当我们把握了大的趋势时，如果能精进选股择时的水平，做好仓位配置，就能获得更大的投资收益。正如马克斯所说："我们如果懂得周期，就可以顺应周期的趋势把投资做得更好：当赢面对我们更有利时，我们可以增加赌注，投入更多资金买入资产，提高组合的进攻性；相反，当赢面对我们不利时，可以退出市场，把钱从赌桌上拿回来，增强组合的防守性。"

表 5-3 　人民网（603000.SH）不同交易周期的涨跌比例

交易周期	日线	周线	月线	季线	半年线	年线
上涨次数（次）	1250	255	58	16	11	5
上涨比例（%）	51.44	49.71	48.33	40	55	50
下跌次数（次）	1142	256	62	24	9	5
下跌比例（%）	47	49.9	51.67	60	45	50
合计	2392	511	120	40	20	10
涨跌状况	涨跌互现	涨跌互现	涨跌互现	涨少跌多	涨多跌少	涨跌互现
总趋势	从 2013 年 1 月 4 日到 2022 年 12 月 30 日的 10 年间，股价从 8.86 元/股上涨至 16.79 元/股（前复权价），累计上涨 91.16%					

注：日线周期横盘次数 38 次，占比 1.56%；周线周期横盘次数 2 次，占比 0.39%。

5.1.3 　大势判断必须要考虑的因素

散户不要轻信股评家所说的"重个股，轻大盘"之类的话语。大盘是个股的集成，大多数股票走势与大盘同向运动。城门失火，殃及池鱼，一旦大盘出现问题，个股走出独立行情的概率较低，不符合只做大概率交易的原则。如果大势对我们有利，股市操作就成功了一半。因此，散户一定要坚决让市场走势来决定我们的操作。对大势的判断，方法各异，经济规律、技术图表、资金政策等都可以用来判断股票运行的大趋势，但各种研判方法的基本内容大同小异。下面以散户最熟悉、最常用的技术分析方法为例阐述大势研判必须要考虑的因素。

（1）大势判断的目标。

股市中有句话："做震荡的多数死在趋势里，做趋势的多数死在震荡里。"打开炒股软件，散户首先要形成自觉地去判断大盘走势的习惯，并下意识地发出"灵魂三问"：一是当前是什么趋势，是上升趋势、下降趋势，还是盘整趋势；二是处于趋势的什么阶段，是筑底阶段、启动阶段、洗盘阶段，还是主升浪阶段、筑顶阶段；三是哪些板块是热点，这些热点处于什么阶段，持续性如何，龙头带动效应怎么样等。对这些问题的思考和回答，决定了接下来的具体操作。当然，全球股指走势、市场资金面松紧、市场估值水平高低等始终也是要考虑的重要问题。

（2）全球股市命运共同体。

随着全球经济一体化的不断推进，全球股市早已是命运共同体。美国、欧盟、日本等发达国家和地区的股票市场走势对其他国家与地区的股市影响较大。特别是美国股市走向，对我国股市影响较为明显。全球主要国家的股票指数呈下跌态势，我国股市也将难以摆脱全球股市的影响。因此，我们一定要抽出时间打开股票软件或者找财经网站浏览一下主要国家股票指数的走势，甚至包括石油、铜、黄金等大宗商品的走势，这对把握 A 股趋势是非常有益的。

2008 年，美国次贷危机蔓延，引发了国际金融危机，不管是发达市场还是新兴市场，都遭遇了有史以来最惨烈的跌势。在全球 73 个股市中，2008 年全年仅加纳和图尼西亚股市上涨，其余股市均下跌，平均跌幅高达 46%。我国 A 股也难以独善其身，2008 年 1 月 2 日上证指数以 5265 点开盘，1 月 14 日触及年内最高点 5522.78 点，之后持续下行，10 月 28 日触及年内最低点 1664.93 点，12 月 31 日以 1820.81 点收尾，全年下跌 65.39%，总市值缩水逾 20 万亿元，成为 A 股历史上的至暗时刻。

（3）A 股各指数难以长时间特立独行。

一般而言，上证指数、深证成指、创业板指数、中小板指数、科创板指数等的走势基本上是同步的。如果其中一个或几个指数大幅下跌，另外的指数也难以维持很长时间，必然补跌；如果其中一个或几个指数大幅上涨，另外的指数大概率也会补涨。例如，2015 年那轮牛市，上证指数真正的主升浪开始于 2014 年 11月底，到 2015 年 6 月结束，历时 7 个月涨幅高达 110%。在上证指数大涨之前，从大盘指数的角度看有明显的信号。翻开创业板指数的图形就会发现，创业板的牛市其实从 2012 年底就开始了，创业板指数从 2012 年 12 月 7 日到 2014 年 2 月7 日一年多的时间已经上涨了 152.6%，而上证指数处于长时间的震荡区间，同期涨幅仅为 3.25%（见图 5-2）。

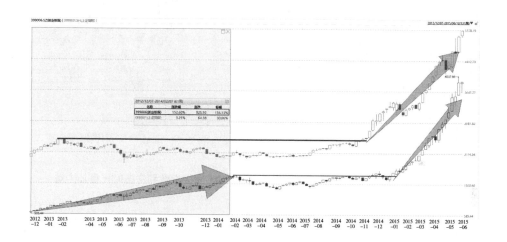

图 5-2　2012 年 12 月 7 日至 2015 年 6 月 12 日上证指数和创业板指数叠加走势

（4）紧跟风格变化。

自 2017 年以来，A 股进入分裂的时代，结构性走势特征越来越明显，个股"二八分化"加深。如果不能紧跟风格特征，则可能出现"赚了指数不赚钱""指数没跌亏大钱"的情况。对此，必须重视权重股走势。

权重股走势决定指数的走势，如果多数权重股见顶或者呈下降趋势，指数很难有表现，此时远离权重股及相关板块是较好的选择。例如，2021 年 2 月 18 日前后，贵州茅台（600519.SH）、三一重工（600031.SH）、中国中免（601888.SH）等茅概念个股纷纷创历史新高后见顶，之后一路下跌，此后上证指数走势欠佳，同时酒及饮料、工程机械、免税等板块内个股也纷纷大跌。同样，创业板指数中最大的权重股宁德时代（300750.SZ）的走势与创业板指数走势亦步亦趋（见图5-3）。宁德时代的涨跌不仅影响到创业板指数的走势，还关系到锂电光伏板块内个股的运行。

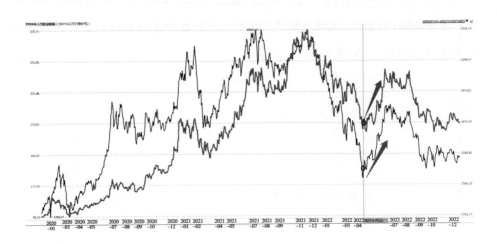

图5-3　2020年1月2日至2022年12月30日创业板指数和宁德时代叠加走势

5.2　上升市"骑牛"妙方

上升市是所有股民的最爱，没有之一！但是，并非所有散户都能在上升市中实现股票账户的大幅增值。散户唯有把"破除心理障碍""极致聚焦龙头""警惕见顶信号"的"骑牛三法"融会贯通才能有所收获。

5.2.1　破除心理障碍

散户在上升市或牛市中就一定能赚钱，甚至跑赢指数吗？事实并非如此。一轮上升市甚至牛市下来，没有跑赢指数的散户比比皆是，有些甚至还逆市亏钱，这与他们在上升市初期"不想买"、中期"不会买"、后期"不敢买"有很大关系。因此，在上升市中获利的首要任务是要破除下降市、震荡市的思维定式。

（1）上升市初期要及时转变观念。

在熊末牛初，对股民而言最为重要的是摆脱熊市阴影，及时转变观念。这是因为，在漫长而又残酷的下降市尤其是熊市中，股民经历从希望到失望再到绝望的折磨，对未来的所有幻想全部摧毁，万念俱灰，这是熊市的最可怕之处。当绝大多数人觉得股市山穷水尽、无可救药时，市场往往开始酝酿上涨。由于大多数散户还没有摆脱熊市的阴影，经济数据也大概率处于寒冬状态，即使下跌趋势已经发生改变，散户往往是瞧不起、看不上、不相信"熊"去"牛"来。值得庆幸的是，只要读懂了熊市见底的政策面、资金面、技术面、情绪面和基本面"五碗面"的精髓，那么完全可以做到先知先觉，搭上牛市的始发车。否则，我们很可能小心翼翼地轻仓参与，在账户减亏或略有盈利时就减仓卖出，待反弹第一波结束时，回头一看，大盘已经上涨一大截，但是自己的账户还远远没有跑赢大盘。

（2）上升市中期要坚定持股信心。

到了上升市中期，上涨趋势十分明显，此时的最佳策略是捂股，即买入股票后就持股不动，直至上升趋势结束。我们没有理由卖掉一只处于上升趋势的股票。只要没有跌破上升趋势线，就放心持股，并不断提高止损线。

悟股策略看似简单，实则难度较大。如果不熟悉上升市中期股票走势特点，又贪婪、缺乏信心和耐心，那么以下三种类型的股票大多数散户往往拿不住：

第一，逆势慢涨甚至不涨的股票。当一波行情起来后，多数股票都噌噌地上涨，甚至有的还涨幅不小，但手中的股票就是像蜗牛似的涨得慢，甚至不涨反跌，心理容易失去平衡。有了这种不平衡的心态后，就会对自己的股票失去信心，往往是卖出手中个股去追涨，而上升市中期板块轮番炒作，各领风骚一段时间，很难见到痛痛快快的涨跌，结果是刚刚抛掉的股票大涨，而追涨买入的股票则涨势变缓甚至回调。很多散户像极了一只摘了芝麻丢了西瓜的猴子，水平不高但还总想吃进更多的利润来回换股或者去做差价，想等着股价回调时再买，但牛回头不易，卖出的股票即使上涨不到 10 个点，也没有勇气和魄力再去把卖掉的股票买回来。

第二，被主力震仓出局的股票。在上升市中期，股票有了一定涨幅，主力为了清理市场多余的浮动筹码，抬高市场整体持仓成本，减轻后市拉升压力，往往会采取大幅度震荡甚至跌停的震仓手法，来达到洗盘的目的，让一部分人出局。不明真相的散户会以为开始调整了，被震荡洗盘而提前"下车"是大概率事件。

第三，一路上涨不回头的股票。在上升市中期，很多股票会沿着短期均线保持一定的坡度上涨，当短期累计涨幅超过 20%、30%甚至 50%时，散户就会发现几乎所有的技术指标都钝化，超买现象十分严重，就会担忧马上回踩，落袋为安的想法随之而来。尤其是盘中出现几波跳水，散户便会很自觉地"缴械投降"抛掉股票。

（3）上升市后期要敢于跟随疯狂。

大多数个股在上升趋势尤其是牛市的后期阶段，一般都会有一个由慢到快最后加速见顶的近似疯狂的走势，分时图上往往表现为直线拉升，K 线图上是沿着 3 日线、5 日线上涨，甚至涨得让人害怕、让人心慌。此时，人有多大胆，就有多大产，驱动股价上涨的最主要因素是情绪，散户最需要破除的心理障碍是"恐高"心态，只要股价没有跌破短期均线就坚决持有。除此之外，坐收获利最快捷、最丰厚的"渔利"即可。下面以 2015 年的"十倍"大牛股金证股份（600446.SH）为例，感受一下上升趋势后期的疯狂走势。

2013 年是金融 IT 行业变化较多的一年，最大的变化来自互联网金融的兴起。金证股份较早开始布局互联网金融，并同时抱上了阿里巴巴和腾讯这两大巨头的"大腿"。2013 年 6 月，金证股份为阿里巴巴与天弘基金开发的"余额宝"产品引爆互联网金融市场。一年后，也就是 2014 年 6 月底，金证股份发布了与腾讯的合作协议书。根据协议，金证股份将按照金融行业客户的需求，进行定制版营销 QQ 的研发、市场开发等工作。至此，股价被引爆。2014 年 5 月 19 日（周一）金证股份开盘价为 23.01 元/股，截至 2015 年 5 月 19 日收盘价为 254.36 元/股

（最高价 269.50 元/股），246 个交易日涨近 10 倍（993.08%）。虽然金证股份实现了 1 年 10 倍的涨幅，但是真正的大涨是在最后的 3 个月内完成的。2015 年 2 月 17 日至 5 月 19 日，金证股份股价由 79 元/股上涨至 254.36 元/股，59 个交易日上涨了 221.97%（见图 5-4）。

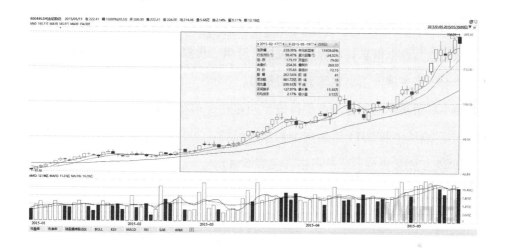

图 5-4　2015 年 1 月 5 日至 5 月 19 日金证股份（600446. SH）日 K 线走势

5.2.2　极致聚焦龙头

"哪里炮声最响就冲到哪里。"战争时期的这句话，放在股票市场同样适用。利弗莫尔曾经说过，如果一个人不能在强势股上赚到钱，那么他根本不可能在市场上赚到钱。我们需要把时间、精力、资金聚焦到热点板块中最强势、最流畅的个股中去。

（1）在牛股地里寻牛股

"猪站在风口也能飞上天。"那么，哪些领域、板块容易出牛股呢？在本书前文已经阐述过大趋势、长周期下那些穿越牛熊的大牛股的一些典型特征。事实上，在更短周期内的每一轮牛市中都有牛股出现，人们把那些涨幅超过 10 倍的个股称为"十倍股"。从 A 股历次牛市来看，每轮牛市中产生的十倍股都具有如下典型特点：

第一，所处行业具有鲜明的时代感。1996~1997 年的牛市，十倍股主要来自计算机、采掘、机械设备和家用电器等轻工业行业，与当时我国处于轻工业发展阶段相匹配；2005~2007 年牛市，房地产、有色金属、机械设备、化工等行业的十倍股最多，与当时我国以重工业为主的发展阶段相吻合；2014~2015 年牛市，十倍股所处行业以信息技术为主，包括计算机、传媒、电气设备和机械设备，与我国当时经济发展向信息化转型密切相关。

第二，市场风格明显。在牛市的不同年份，市场风格变化较大。整体上看，2005 年、2006 年和 2014 年是典型的金融风格，2007 年是周期风格，而在 2013 年和 2015 年则是典型的成长风格（见表 5-4）。

表 5-4　典型牛市中信证券风格指数涨幅　　　　　单位:%

年份	金融	消费	稳定	成长	周期
2005	3.03	-9.15	-14.63	-18.82	-20.85
2006	162.89	94.29	40.19	64.02	80.30
2007	142.15	158.35	156.42	147.32	210.43
2013	-6.66	19.01	-1.62	40.62	-2.60
2014	93.85	24.61	89.41	33.85	42.72
2015	2.95	55.40	13.72	75.19	45.23

资料来源：Wind。

第三，市场板块差异大。牛股产生的土壤具有明显的市场差异。兴业证券的研究显示，在 2013 年投资主板或者中小板，捕捉到翻倍大牛股的概率不会超过 15%，但如果投资创业板成长股，那么获取翻倍牛股的概率为 33%。在 2014 年继续投资创业板，获取翻倍牛股概率不超过 6%，而投资主板价值股获取翻倍牛股的概率为 11.8%。[①]

---

① 兴业证券.A 股大牛市深度复盘系列之一：2013—2015 年牛市深度复盘［R］.2020.

（2）紧跟牛股的步伐。

在上升市的不同阶段，板块和个股的涨幅大小、上涨顺序是有差异的。此时，最赚钱的方法无疑是踩对主流板块的轮动节奏，吃足主流板块强势个股的主升浪再"下车"。笔者粗略地将牛市划分为熊末牛初、牛市中期和牛市后期三个阶段，总结了 A 股主要牛市各阶段的特点。

第一阶段：熊末牛初阶段。该阶段政策、估值和成长性是影响股价上涨的最大因素。因此，受到政策支持、超跌以及高景气度的行业率先领涨，形成局部的赚钱效应，具体如下：

一是受政策支持的行业。在熊市后期，往往会有大量的政策出台，政策成为扭转熊市、开启牛市的重要推动力。例如，2005 年 5 月启动股权分置改革试点，解决了困扰多年的股权分置问题，弥补了制度性缺陷；7 月实施汇率改革，开启人民币升值大周期，带动资产重估，非银金融、有色金属、地产板块开启新一轮上升通道。2008 年的牛市，受益于四万亿元投资政策和十大产业振兴规划的汽车、有色金属、建材等表现较好。

二是超跌行业。超跌成为反弹的强大动力，前期跌幅较大的行业普遍反弹较强。方正证券的研究显示，在 2005 年 7 月市场见底之后，整个下半年处于超跌反弹的格局，领涨的行业大多是过去一年跌幅较大的行业，排名前 10 的上涨行业中，有 6 个是 2004 年 4 月至 2005 年 7 月跌幅居前的行业。[①]

三是高景气度行业。高景气度行业涨幅靠前，如 2011 年的建材、2013 年的传媒、2016 年的有色金属、2019 年和 2020 年的食品饮料等。

第二阶段：牛市中期。这是一个几乎每个股民都赚钱，赚钱效应迅速提升且能持续较长时间的阶段。对于大多数散户而言，配置最强势板块龙头，安心捂股是比较好的选择。通常符合时代发展的行业和主题能取得更高的回报。例如，2009 年的基建和周期板块，2015 年的信息技术，尤其是互联网板块、高铁行业等。另外，券商板块也是上涨确定性最好且能稳妥跑赢指数的板块。

---

① 方正证券. 牛市的三个阶段——2005—2007 年市场复盘［R］. 2020.

第三阶段：牛市后期。牛市后期分化严重，一些个股出现加速疯长，而另一些个股和行业走势不温不火，横盘震荡，整体赚钱效应开始下降，聪明的人也着手离场或者慢慢减仓。通常，滞胀板块、防御板块领涨。起始于股权分置改革的2005年6月至2007年10月牛市，在牛市后期（2007年7月初至10月中旬）银行、采掘和钢铁板块等蓝筹股带动指数赶顶。四万亿元投资盛宴引致的2008年10月至2009年8月牛市，在牛市后期（2009年3月至8月）采掘、房地产、汽车、钢铁等滞胀板块领涨。

5.2.3　警惕见顶信号

会卖的是师父，只有对于股价顶部特征有了强的敏感度，才不会被套或者深套或者"过山车"。"树不会长到天上去"，复盘A股见顶，我们总能从日常的所见所闻、股市的走势以及各种新闻报道中发现股市见顶的蛛丝马迹，而且见顶信号比见底信号相对更容易被发现，只要稍加留意就可以很好地逃顶。以下是常见的见顶信号：

信号一：大众情绪亢奋。牛市的尽头在于疯狂。市场情绪近乎疯狂是散户最容易察觉到的见顶信号，根本谈不上需要什么技术水平，需要的仅仅是观察即可。在A股历次牛市见顶之前，几乎都是同一种现象：无论是在餐厅，还是在公交车、地铁以及公共场合，听到最多的就是议论股票、基金销售火爆，新开户股民剧增，当市场所有人都在抢着购买股票时，牛市也就快结束了。这印证了20世纪全球十大顶尖基金经理之一约翰·邓普顿的名言："牛市在乐观中成熟，在兴奋中死亡。"2007年是A股史上最大的一次牛市。当年，上海某股民改编了一首网络歌曲《死了都不卖》："只有这样我们才不会被打败，就是死了都不卖！只有这样我们才不会被打败，股市奇迹才精彩！"这正是牛市的一种真实写照。

信号二：龙头股见顶。牛市都有一个主线，也就是引领行情从始至终的板块一般是在近几年增长最好的行业或产业中诞生，如2000年的互联网、2007年的地产、2015年的TMT、2020年的半导体。主线的行情尤其是龙头股滞胀，甚至提前见顶回落，就要格外小心。一般而言，龙头股经过一段时间上涨之后，走势疲软甚至下跌，没有创新高，意味着调整将至。利弗莫尔十分注意以此来判断走势："我所期盼的那些警告一个接一个如约而至，那些股市中的龙头股纷纷从最高点下跌，虽然有的只是跌了几个点，但这是长久以来的第一次下跌，而且再也没能够上升。"① 在总龙头见顶初期，仍然还有龙二、龙三、龙四等"龙"字辈兴风作浪以及板块内各种低位个股补涨，整体来看板块的赚钱效应也存在，但是随着趋势的明朗，"妖股不妖"，赚钱板块不赚钱，亏钱效应显现。此时，偶尔有龙头股"回光返照"，但大多是无功而返，难以形成板块效应，股指在大盘股、权重股的拉抬下出现股指牛相，此时唯一需要的就是及时退出。

信号三：技术见顶。俗话说："底部百日，顶部三天。"相较于底部形态，顶部形态的形成时间较短，在技术上更容易识别。数量众多的阴线、大阴线、跌破上升趋势线、中短期均线空头排列等都是常见的见顶技术图谱。表5-5将A股重要顶部见顶形态进行汇总，股民可以多加熟悉和领悟。

表5-5 上证指数重要顶部图谱及特点

日K线走势图	顶部技术特征
 2001年5月10日至8月7日（64日）日K线	2001年6月14日上证指数最高达2245.44点，之后下跌4年，直到2005年6月6日998.23点见底。此次顶部特点：刚开始下跌缓慢，隐蔽性较大；2001年7月23日至31日出现7连阴，累计下跌11.9%，且在7月30日出现跳空低开的大阴线跌破250日线的上升趋势线，短期、中期均线相继空头排列后，顶部就十分明显了。此外，顶部区域还出现了圆顶、MACD顶背离等见顶信号

① 利弗摩尔. 股票大作手回忆录 [M]. 荣千，译. 上海：立信会计出版社，2016：152.

日K线走势图	顶部技术特征
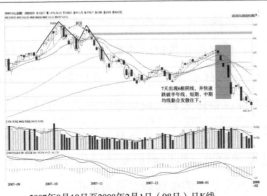 2007年9月10日至2008年2月1日（98日）日K线	2007 年 10 月 16 日上证指数最高点达到 6124.04 点，直到 2008 年 10 月 28 日 1664.93 点见底。此次顶部特点：顶部出现"M"形结构，出现大量阴 K 线，并且 2007 年 10 月 16 日至 11 月 28 日 32 个交易日快速下跌 20.34%，直到半年线才止跌企稳。短暂反弹后，在 2008 年 1 月 14 日至 22 日暴跌 16.86%，7 个交易日出现 6 根阴线，跌破 120 日线的上升趋势线，短期、中期均线均黏合发散往下排列
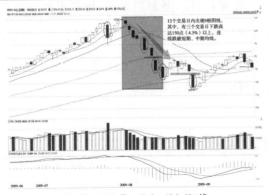 2009年6月22日至9月22日（67日）日K线	2009 年 8 月 4 日上证指数最高点达到 3478.01 点，之后下跌 3 年 4 个月，直到 2012 年 12 月 4 日 1949.46 点见底。此次顶部最大的特点：快速下跌，出现大量阴 K 线。2009 年 8 月 4 日至 19 日 12 个交易日出现 9 根阴 K 线，累计跌幅高达 19.55%。此外，短期内有 5 根下跌高达 150 点（4.3%）以上的大阴线，连续跌破 5 日、10 日、20 日、60 日均线，并促使短期均线、中期均线空头排列
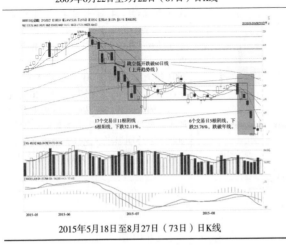 2015年5月18日至8月27日（73日）日K线	2015 年 6 月 12 日上证指数最高点达到 5178.19 点，直到 2016 年 1 月 27 日 2638.3 点见底。此次顶部与 2009 年 8 月顶部走势类似：快速暴跌，出现大量中、大阴线。2015 年 6 月 15 日至 7 月 8 日的 17 个交易日出现 11 阴 6 阳 K 线，下跌 32.11%。其中，日跌幅超过 3% 的有 9 天，日跌幅超过 5% 的有 5 天，6 月 26 日跌幅高达 7.4%。短期内连续跌破 5 日、10 日、20 日、60 日和 120 日线。随后在年线之上半年线之下短暂整理后，仅仅 6 个交易日再次暴跌 25.76%

信号四：政策收紧。A 股政策市较为明显，一旦股市非理性上涨引发监管层打压，牛市基本上可以宣告结束了。最为明显的要数与资金收紧相关的政策。2007 年大牛市结束前，央行已经连续几次增加银行存款准备金率。2015 年牛市的崩溃很大程度上是因为突然的去杠杆政策：清查场外配资。

信号五：估值过高。估值高低是判断股价是否合理的重要方面，是衡量风险大小所必须考虑的重要因素。市盈率是应用最为广泛的估值指标。市盈率越低，说明收回本钱的速度越快；市盈率越高，说明收回本钱的速度越慢。如果某公司的市盈率为 10，意味着在公司每年收益保持不变的前提下，收回投资需要 10 年时间。据统计，上证 A 股综合市盈率与 A 股走势具有极强的相关性，市场顶部的估值往往也处于历史高位。在 2015 年创业板市场的高峰时期，市盈利超过1000 倍的就有 99 家，低于 50 倍的只剩下 33 家，差不多全部被消灭掉了。2007年上证 A 股市盈率达到了 63.74 倍，深圳 A 股更是超过了 75 倍，可见市场有多么疯狂。

5.3　下降市"斗熊"秘诀

下降趋势或熊市可怕吗？散户在下降趋势或熊市就一定会亏钱吗？事实并非如此。有些散户经历一轮下降趋势甚至熊市后，股票账户金额没有减少，甚至还有所增加；也有一些散户把上升趋势甚至牛市中赚来的钱全部吐了回去，做了一回不折不扣的"电梯"，甚至还亏掉了本金！同样的市场，却有千差万别的结局。为了避免在下降趋势甚至熊市中股票账户遭遇灾难性的后果，笔者总结出必须遵循的下降趋势操作"三秘诀"。由于大熊市是下降趋势的最佳代表，因此下文并没有将两者做严格区分，但结论并不影响股民的操作。

5.3.1 空仓是最佳策略

股市俗语有云："会买的是徒弟，会卖的是师父，会空仓的才是祖师爷。"正如前文所言，不会仓位管理是散户炒股遭遇滑铁卢的重要原因之一。在下降趋势或熊市中，散户只有知道并能做到轻仓甚至空仓，才能立于不败之地。

（1）敬畏熊市"三态"。

"斗熊"首先要懂"熊"。散户炒股要常怀敬畏之心，对熊市更要多一份敬畏。不管是股市"小白"，还是老股民，都必须对熊市的下跌空间、下跌时间、下跌范围等特征有深刻的认识。对任何股民而言，如果没有对熊市的"熊态"刻骨铭心，就难以真正遵循熊市的操作要诀，就难以真正做到轻仓、空仓。

一般来说，在熊市中，股票走势会呈现出三个典型的"熊态"特征：

一是跌幅空间大。熊市的最人特征是股价大跌、暴跌，正所谓"熊当道，不言底"。表5-6列示了全球股市跌幅榜前五名的情况。

表5-6　全球股市跌幅榜前五名

名次	持续时间	主要股指跌幅
①	1929年7月至1932年8月	1929年美国股灾，道琼斯工业指数跌89.05%（最高点位为380.33点，最低点位为42.84点）
②	1989年12月至2003年4月	1989年日本股市泡沫破灭，日经指数跌80.2%（最高点位为38916.00点，最低点位为7699.50点）
③	1993月2月至1994年7月	1993年中国股市大调整，上证指数跌79.1%（最高点位为1558.95点，最低点位为325.89点）
④	2000年3月至2002年10月	2000年美国网络经济泡沫破灭，纳斯达克综合指数跌77.93%（最高点位为5048.62点，最低点位为1114.11点）
⑤	2007年3月至2008年6月	2008年越南股市崩盘，胡志明证券交易所VN指数跌68.6%（最高点位为1170.67点，最低点位为367.46点）

注：由于各种统计标准（如统计区间）上的差异，股市的跌幅、排名等存在差异。

1929年7月1日至1932年8月1日，仅仅3年1个月的时间，美国道琼斯指数就由最高位380.33点暴跌至最低位42.84点，累计跌幅高达89.05%。1929

年 10 月 29 日，道琼斯指数一天的跌幅高达 22%，这就是历史上著名的"黑色星期二"。股指暴跌之下，个股也难以置身事外。当时两家最热门的美国钢铁公司和通用汽车公司的股票价格跌幅也完全出乎人们的预料。美国钢铁公司由每股 262 美元跌至 21 美元，通用汽车公司则从 92 美元/股跌至 7 美元/股，跌幅均在 90% 以上。此次股市大崩盘导致股民损失惨重，上千人自杀，5500 家银行倒闭，失业率空前提高，每四个人中就有一个人失业，3400 万人没有任何收入。股市暴跌后的一系列恶性循环笼罩着当时的美国，经过 25 年之后直到 1954 年，美国股市才恢复到 1929 年的水平。

我国 A 股也不例外，每次熊市均跌幅巨大。据统计，自中国股市 1990 年诞生以来，大约经历了十几轮大大小小的熊市。据初步统计，历轮大跌中 A 股核心指数较此前高位平均下跌幅度为 40% 以上。其中，跌幅最大的一次熊市是 1993~1994 年，指数从 1558 点跌到 325 点，跌了 79%。其次就是著名的 2008 年大熊市，指数从 6124 点跌到 1664 点，跌了 73%，差一点推倒重来。如果大熊市来临，大盘指数仅仅跌了 10%、20% 甚至 30%，就说熊市结束了，那就言之尚早。股市中没有什么是不可能的，股价走势及其跌幅空间、时间都可以完全出乎意料。

为了加深对熊市跌幅空间的认知，我们以阶段性较大底部及其最近的高点作为统计区间，统计了 2000 年以来 A 股典型的较大底部前跌幅（见表 5-7）。

表 5-7　2000 年以来 A 股典型的较大底部前跌幅

时间	最高点位	最低点位	区间跌幅（%）
2004 年 4 月 7 日至 2005 年 6 月 6 日	1783.01	998.23	41.81
2007 年 10 月 16 日至 2008 年 10 月 28 日	6124.04	1664.93	70.62
2011 年 3 月至 2013 年 6 月 25 日	1783.01	1849.66	41.81
2015 年 6 月 12 日至 2016 年 1 月 27 日	5178.19	2638.30	46.59
2018 年 1 月 29 日至 2019 年 1 月 4 日	3587.03	2440.91	29.32

注：区间跌幅是指上证指数最高价和最低价之间的跌幅，而不是开盘价和收盘价之间的跌幅。
资料来源：Wind。

二是下跌时间长。熊市的第二个重要特点是下跌时间长。也就是说，一轮完整的熊市，除了要有充足的跌幅空间之外，还需要有足够的下跌时间。除 A 股 2007~2008 年这轮下跌时间相对较短之外，其他熊市往往会持续 3~4 年的时间。例如：2001~2005 年的熊市，整整跌了 4 年；2009~2012 年的熊市，历时 3 年。在这足够长的时间内，大部分身处其中的股民会经历无奈、煎熬和伤痛。

三是下跌范围广。下降趋势尤其熊市的第三个典型特点是普跌。一轮大熊市下来，几乎所有的股票都会下跌，只是跌多跌少、先跌后跌的区别。2008 年 A 股没有一个行业板块有绝对收益，99% 的股票下跌，近 80% 的个股跌幅超过 50%，全部个股收益率中位数为 -62%。

（2）领悟空仓真谛。

空仓，对股市新手来说，空仓真是太难了，但也并非完全没有办法，以下三点将有助于领悟空仓要义：

一是重趋势，不贪婪。要想在股市中生存，敬畏市场、承认趋势并且跟随趋势怎么强调都不过分。下降趋势一旦形成，必然遵循熊市的时空规律，并非在短期内可以改变。因此，当"熊"出没时，散户要在第一时间转变观念。熊市初期往往跌幅不大，在上升趋势或牛市中获得的大部分利润仍然安安静静地躺在我们的股票账户中，做出卖出的决策也相对容易，千万不要被"要把最近吐出去的重新赚回来，盈利回到原来的高度"的贪婪思想所蒙蔽。

二是往后看，肯"割肉"。熊市中股价的总趋势是一路往下，总的来说在股价见底之前，任何时候以任何价格卖出都是对的。如果错过了撤退的最佳时机，那么就需要更大的勇气去做出正确的决策。随着下跌的持续，熊市的面貌更加明显，股票账户也由盈利变为盈亏平衡，甚至小亏。这时候，由于人性固有的"损失厌恶"的存在，损失所带来的痛苦是盈利所带来喜悦的 2~2.5 倍，此时作出卖出的决定更难。"割肉"确实很痛，否则不叫"割肉"，但不"割肉"更痛。熊市中除趁早止损"割肉"之外，交易方法、基本面、消息等似乎都是那么苍白无力，结果必然是由小亏变大亏，等真正想卖的时候，钱已经亏完了，极少有例外。我们可以去问问老股民他们输在什么地方，答案基本都是"输在大级别的杀跌里"。事实上，"割肉"就是对错误的纠正，并不可怕，可怕的是错误已经显而易见了还不去修正。在这里有必要提及著名的"鳄鱼法则"：假定一只鳄鱼咬住了一个人的脚，如果他用手去试图挣脱他的脚，鳄鱼便会同时咬住他的脚与手，而他越挣扎就会被咬住得越多。因此，万一鳄鱼咬住了我们的脚，唯一的办法就是牺牲一只脚。对我们炒股的启示就是：如果知道自己犯错了，不可再找任何借口、不得有任何期待，唯一正确的就是立即"割肉"，赶紧离场！

三是管住手，不抄底。俗话说："新手死于山顶，高手死于抄底，老手死于震荡。"很多散户在熊市中有很大的冲动去抄底，他们的理由不外乎是股价跌得太多了，要反弹了，或者是提高一下资金利用率，赚一把就走，抑或自己比别人水平更高、能力更强，可以买到逆势走强的股票。股价跌了还能再跌，他们的结局几乎是一买就被套或者小赢大亏。如果一个人在上升趋势中都赚不到钱，那么有什么自信能在下降趋势中赚到钱？因此，面对下降趋势尤其是熊市，我们要一忍再忍，把时间和精力都用在总结熊市经验上，熊市是最好的教科书。这样我们虽然没有赚到钱，但是也避开了资金账户大的回调，还赚到了比金钱更宝贵的经验，待到熊去牛来，我们才能以更好的心态和经验去获得更大的赚钱机会。

下面举例来阐述抄底的危害。

假如有一只我们关注了很久的股票，眼睁睁地看着它由低位不断上涨，最终涨至100元/股，但是见顶之后最终在1年内大跌至10元/股，下跌90%。我们来看在不同价位抄底的结果。

第一种情形：假如2个月后该股跌了50%，也就是50元/股的时候抄底买入，那么一年后下跌至10元/股，亏损高达80%。也就是说，在下跌50%的时候抄底买入，还能再亏80%。

第二种情形：假如该股仅仅过了半年时间就由100元/股跌至20元/股，下跌了 80%，此时我们终于忍不住了，觉得发大财的机会来了，于是果断买入，但运气不好，该股在接下来的半年继续下跌至 10 元/股，那么我们就亏损 50%。也就是说，在下跌 80% 的时候抄底买入，还能再亏 50%。

5.3.2 善于快抢反弹

熊市的基本操作原则是空仓，但下降趋势并不是一步跌到位，而是波浪式下跌，每次大跌之后总有或大或小的反弹，毕竟下降趋势抢反弹，相当于刀口舔血，很容易"偷鸡不成蚀把米"。因此，以下抢反弹纪律和规矩必须入脑入心和坚守。

（1）入场原则：赚钱效应。

散户在熊市中一定要"多看少动"，管住手。除非赚钱效应爆棚，否则宁可空仓，也绝不凑合。但是，一旦市场止跌企稳，尤其是在有大阴线、向下跳空缺口等加速下跌见底情形后，出现明显的赚钱效应时，则应果断出手。我们可以通过涨跌停比、上涨下跌比、连续涨停高度、市场量能等来判断股市的短期赚钱效应。其中，空间布局合理的连板梯队像是首尾接应、分工合作的攻击快艇群，更容易形成持续的赚钱效应。

以 2022 年为例，受不确定性事件的影响，上证指数全年低迷，累计下跌 15.13%，月 K 线 8 阴 4 阳，是 2018 年以来股民较为煎熬的一年。但是，全年也不乏操作亮点。其中，4 月 27 日至 7 月 5 日上证指数出现一波较大的反弹，46 个交易日上证指数上涨 17.93%；658 只个股涨幅超过 50%，其中 83 只个股实现了翻倍，中通客车、浙江世宝、爱旭股份、海汽集团、丰元股份上涨超过 200%，中通客车涨幅高达 431.67%。散户如能根据抢反弹的入场原则操作，亦可以实现较好的收益。事实上，在反弹前的 4 月 20~26 日，上证指数由 3189.89 点下跌至 2886.43 点，5 个交易日下跌 9.63%，连续跌破 3100 点、3000 点、2900 点重要关口，5 天 4 根阴线，出现明显的加速见底信号，为成功博取反弹增加底气。同时，在反弹之前和反弹期间接连出现高度连板股，赚钱效应极强。例如：中兴商业（000715.SZ）于4月18日至26日7天6板，累计涨幅64.41%；湖南发展（000722.SZ）于4月22日至5月16日14天11板，累计涨幅199.41%；新华制药（000756.SZ）于4月26日至5月27日21天16板，累计涨幅311.51%；中通客车（000957.SZ）于5月13日至31日13连板，累计涨幅246.08%。

（2）攻击目标：最强题材板块。

在熊市中，股民容易忧心忡忡、惊慌失措，忽视利好消息，只关注负面消息，一有风吹草动的利空信息，股民就会无限放大。尤其是在熊市的中后期，无论是大盘还是个股，长时间的阴跌或横盘之后往往会突发暴跌。因此，熊市反弹羸弱，持续性较差，高度有限，散户在博取反弹的过程中一定只买最热的题材。否则，可能会眼睁睁地看着最强题材板块的个股噌噌地往上涨，而自己手上的个股则像龟爬一样上涨得很慢，甚至一动不动。结果是不仅失去了博反弹盈利的机会，心情还会受到不利影响。

（3）攻击方式：不犹豫，快准狠。

在下降趋势中，股民容易放大担忧情绪。真正经历过牛熊的老股民才知道什么是熊市的焦虑。明明是一家很优秀的公司，业绩也不错，股价就是不停地往下掉，一开始从50元/股跌到40元/股，这时不在乎，认为好公司不怕跌。又过了几个月，它硬是跌到30元/股。再过几天看看，已经变成20元/股了。再登录股票账户一看，绿油油的一大片，大写的"负号"看了就心烦，即使看到了好的反弹机会，也需要很大勇气去再行动。因此，发现机会和抓住机会是两回事，在股市中做到知行合一是一件很有挑战性的事。但是，必须努力做到，否则机会转瞬即逝，一旦犹豫就会错过机会，或者买入太少，最终一轮反弹下来也没什么盈利。

（4）撤退原则：降预期，不恋战。

在下降趋势尤其是熊市中，个股超跌之后往往会积蓄反弹能量，出现多次力度不等的反弹。反弹的重要特点是反弹时间短、持续性差、高度有限。在年度级别的熊市中，每轮市场持续下跌期间往往会有3~4次反弹，反弹时间（交易日）

平均在半个月到一个半月，反弹幅度平均在 10% 左右（见表 5-8）①。而在其他级别的熊市反弹中，反弹时间、高度等更加有限。因此，熊市抢反弹一定要坚持游击战术，快进快出，甚至是不管盈亏，绝不恋战。毕竟能逆势走强的股票是少数，而且在下跌周期中经常是今天强明天弱，很难把握操作。尤其是股价到了关键时间和位置，一定要撤退，绝不能拖泥带水，坚决不能把抢反弹变成中期持股、长期持股。

表 5-8　A 股历次大跌期间的反弹情况

时间	上证指数及下跌幅度	反弹数（人）	平均涨幅（%）	平均反弹时间（天）
2004 年 4 月至 2005 年 7 月	1750~1000（-40%）	5	9.57	13.8
2008 年 1 月至 11 月	6100~1750（-68%）	3	15.59	15
2011 年 4 月至 2012 年 12 月	3050~1950（-35%）	4	9.45	27.5
2013 年 2 月至 2014 年 6 月	2300~2000（-13%）	4	9.57	13.80
2015 年 6 月至 2016 年 1 月	5150~2700（-45%）	5	14.23	30.4
2018 年 1 月至 12 月	3500~2500（-30%）	4	6.88	15.50

资料来源：安信证券. 中国股市行情复盘启示录系列一：A 股，见底了么？［R］. 2022.

5.3.3　关注见底信号

下跌趋势中要"多看少动"，但是当股市出现见底迹象时，要打起精神去分析，要鼓起勇气去把握机会，因为真正的底部是千载难逢的，是可遇不可求的。当在政策面、资金面、技术面、情绪面和估值面发出一些信号时，可以视为股市见底信号。信号越多，见底的概率就越大。值得注意的是，由于股市存在太多的不确定性，熊市常常会出现超跌之后再超跌的极端现象，因此见底信号只是提供一个大致的买入时间和空间位置，但并不意味着是最佳买点，也不意味着要立即买入。

---

① 燕翔，战迪. 追寻价值之路：2000—2017 年中国股市行情复盘［M］. 北京：经济科学出版社，2019：363.

（1）政策面。

在大级别的熊市中，持续出台维稳政策是股市见底的先决条件。一般来说，在股市极端低迷时，为了避免发生系统性风险，管理层往往会发文喊话、政府及监管层表态、降准降息、减少甚至暂停新股发行、降低印花税率、放宽资金入市门槛等干预市场的"救市"举措，借以向市场传递积极信号，鼓舞投资者信心，从而形成"政策底"。但是，在熊市中后期，人气涣散，股民对各种利好反应冷淡，甚至充耳不闻，即使是大级别的利好消息，也像是给病入膏肓的病人注入"强心剂"，维持不了多久，随后都会创出市场新低。因此，"政策底"往往不可靠，切记要"管住手、莫伸手"，千万不要见到利好政策就一股脑往里面冲。

2008年9月18日，国家出台证券交易印花税改为单边征收、汇金增持三大国有银行股票、国务院国有资产监督管理委员会（以下简称国资委）表态支持央企增持或回购股份的三大"救市"政策，9月19日大盘直接涨停，当时几乎所有个股涨停，这是大盘有史以来的一次涨停日。但是，即使是这种大级别的"政策底"也没能逃过新低的宿命，此后沪指依然震荡下跌至1664点。最近的一次是2023年8月28日（周一），A股在周末印花税减半征收、融资保证金降到80%、IPO收紧、股东减持条件限制等多重重磅利好之下三大指数均大幅高开，上证指数涨5.06%，深证成指涨5.77%，创业板指数涨6.96%。结果开盘即最高点，大盘指数全体高开低走，三大指数皆下跌近4个点，让早盘买入的股民被深度套牢。随后大盘指数持续下跌，直到接近两个月后的10月24日才止跌企稳。上证指数自2023年8月28日最高点位（3219.04点）至10月23日的最低点位（2923.51点），跌幅为295.53点，下跌9.18%。

那么，什么时候才是抄底的较佳时机呢？我们将管理层密集出台救市政策后市场出现反弹的时间视为"政策底"时间，统计发现，历史上A股的"政策底"之后仍将有40个交易日左右的时间寻底，至"市场底"平均跌幅为6.25%（见表5-9）。

表 5-9　A 股主要"政策底"与"市场底"对比

政策底		市场底		对比	
时间	上证指数最低点	时间	上证指数最低点	时间差	上证指数跌幅（％）
2005 年 3 月 31 日	1162.03	2005 年 6 月 6 日	998.23	43 个交易日	-11.79
2008 年 9 月 18 日	1802.33	2008 年 10 月 28 日	1664.93	24 个交易日	-8.15
2012 年 9 月 5 日	2029.05	2012 年 12 月 4 日	1949.46	60 个交易日	-3.35
2015 年 7 月 9 日	3373.54	2015 年 8 月 26 日	2850.71	35 个交易日	-16.53
2018 年 10 月 19 日	2449.2	2019 年 1 月 4 日	2440.91	54 个交易日	+1.14
2020 年 2 月 4 日	2685.27	2020 年 3 月 19 日	2646.80	33 个交易日	-1.62
2022 年 3 月 16 日	3023.3	2022 年 4 月 27 日	2863.65	29 个交易日	-3.45

（2）资金面。

从本质上讲，资金面属于政策面的一部分。在熊市末期，如果没有真金白银入市，救市政策很难起到良好的作用。超大规模的资金入市是熊市见底的核心所在。这里的真金白银主要来自央行"放水""国家队"入场、上市公司回购等，被称为资金底的"三件套"。其中：

汇金和中金被认为是典型的"国家队"代表，在市场极度低迷时发挥类似于海外证券市场中的"平准基金"的作用。因此，汇金或中金的增持往往传递高层对维稳股市、认可当前市场估值处于底部的信号，在一定程度上扭转市场预期，被股民视为 A 股"市场底"确立的"发令枪"。事实上，在 A 股历史上，汇金增持的时机（2008 年 9 月 18 日、2009 年 10 月 8 日、2011 年 10 月 11 日、2012 年 10 月 10 日、2013 年 6 月 13 日、2015 年 8 月 19 日增持四大行）往往是股市的阶段性底部。

上市公司回购也是 A 股的重要资金来源之一。由于上市公司相比于二级市场的投资者对自身情况更为熟悉，具有天然的"春江水暖鸭先知"优势，往往能做出更聪明、更领先、更精准的判断，因此大量的上市公司净回购公司股份不仅为市场注入了实实在在的增量资金，还释放了当下市场处于一个历史相对较低估值区间的明确信号。回顾历史，A 股的"回购潮"基本和"市场底"如影随形，在A股历史上回购规则发布或修订、上市公司净增持往往对应阶段性的市场底部。

（3）技术面。

俗话说："底部百日，顶部三天。"一般而言，当股票经过长时间的持续下跌之后，出现大阴线、向下跳空缺口等加速下跌的走势，并在之后股价不再创新低、均线开始走平、稳步放量等情形时，往往意味着底部的来临（详见6.4.2底部形态图解），股民有足够的时间在底部区域买到筹码。

（4）情绪面。

熊市的尽头在于哀号。一般而言，在市场底部，市场情绪是极其低迷的，甚至会出现恐慌，人们谈股色变。散户只要细心、善于观察，从身边股友的言行、各种论坛、微信群、短视频等网络平台、新闻报道等方面总能发现市场底部的蛛丝马迹。在历次市场触底过程中，舆论关键词多以弱势、下滑、恶化、震荡、等待、谨慎为主，即使出现政策改革或外围环境好转等利好因素，也难言乐观，仍然维持谨慎态度。我们也可以根据相关QQ群、微信群的聊天频率来判断市场的情绪。

第一阶段：刚开始跌，群里人吹牛扯皮，谈笑风生。

第二阶段：跌了20%，开始问什么时候加仓，回忆过去，安慰自己。

第三阶段：跌了50%，问加仓的人少了，不谈行情，麻木自己。

第四阶段：跌了80%，群里大部分人不发声了，偶尔出现几个查价格的。

此外，机构常用换手率指标判断市场情绪。一般而言，历次市场大底，上证指数、深证成指、沪深300、创业板指数等主要指数、换手率处于历史相对低位（见表5-10）。

表5-10 上证指数阶段性底部主要指数换手率   单位：%

底部时点	上证指数	深证成指	沪深300	创业板指数	科创50	万得全A
2005年6月6日	0.82	1.13	0.82	—	—	0.88
2008年10月28日	1.29	1.82	1.20	—	—	1.38

底部时点	上证指数	深证成指	沪深300	创业板指数	科创50	万得全A
2012年12月4日	0.32	0.49	0.22	1.65	—	0.43
2013年6月25日	0.68	1.46	0.62	3.89	—	0.95
2016年1月27日	0.78	1.98	0.54	3.14	—	1.18
2019年1月4日	0.51	1.23	0.38	1.70	—	0.82
2020年3月19日	0.84	2.08	0.65	3.05	5.24	1.38
2022年4月27日	1.01	1.60	0.62	2.17	1.45	1.46
2022年10月31日	0.71	1.22	0.48	1.59	1.65	1.10

资料来源：Wind。

（5）估值面。

当市场估值指标处于历史低位时，预示着市场即将见底。一般从市盈率、市净率、市销率、破净率等指标来分析市场估值的高低。自2005年实施股权分置改革以来，上证指数2005年6月6日的998.23点、2008年10月28日的1664.93点、2013年6月25日的1849.65点、2016年1月27日的2638.30点、2019年1月4日的2440.91点、2020年3月19日的2646.80点、2022年4月27日的2863.65点、2022年10月31日的2885.09点是较为典型的底部。从上证指数这些估值指标来看，市盈率平均在13.5倍以下（2005年除外）；市净率在1.65倍以下（2008年除外）；市销率大部分在1左右（2008年除外）；破净率平均在9.39%以上，如果剔除2016年1月27日破净率1.89%的较低值，平均破净率高达10.46%。

表5-11　A股代表性底部市场估值指标特征

底部时点	上证指数最低点	市盈率	市净率	市销率	破净率（%）
2005年6月6日	998.23	16.88	1.64	0.94	13.41
2008年10月28日	1664.93	13.49	2.07	1.36	11.37
2013年6月25日	1849.65	9.67	1.31	0.84	6.29
2016年1月27日	2638.30	12.87	1.47	1.19	1.89
2019年1月4日	2440.91	11.08	1.25	1.00	11.56
2020年3月19日	2646.80	11.66	1.24	1.00	11.08

底部时点	上证指数最低点	市盈率	市净率	市销率	破净率（%）
2022 年 4 月 27 日	2863.65	11.47	1.24	0.99	10.13
2022 年 10 月 31 日	2885.09	11.36	1.18	0.94	9.36
平均	—	12.31	1.43	1.03	9.39

资料来源：Wind。

5.4 震荡市"抓猴"手法

任何股市行情都离不开趋势和震荡两种状态，而震荡是股市的最常态。结构性行情、题材行情、"二八分化"是震荡市的标签。散户如果能踏准节奏、跟对主流，不仅可以规避来回"打脸"的风险，还可以实现股票账户的大幅增值。

5.4.1 踏准节奏高抛低吸

在任何行情中踩准节奏、把握热点都是极为重要的盈利之道，但对震荡市行情而言，把握节奏更为重要。

（1）震荡行情特征。

震荡市是指股价跌宕起伏、股市前景不明的市场行情。震荡市中有反弹，有下跌，有风险，也有机会。但更多的是投资者在挣扎——憧憬牛市，体验熊市，但又有希望。一般而言，震荡行情具有如下特点：股价在一个特定的支撑与阻力区间内反复上下运行，没有明显的方向性；成交量较低，呈现不规则的放大和缩小；在 K 线图上，阴线和阳线交替出现；不同周期的均线有走平的倾向，且错综复杂。

大跌后的震荡市并不会很快结束，通常需要半年以上，振幅在 20%～25%。在大跌之后的震荡市中，核心因子的边际好转，或者在现实向预期靠拢的过程中，会出现 2～3 次持续超过 1 个月、涨幅超过 10% 的"吃饭"行情。

（2）波段操作是王道。

震荡市最大的风险是不会高抛低吸！震荡行情中主要是存量资金博弈，由于增量资金不足，风格切换、行业轮动很快，股价难以持续"走牛"，一路"长红"。我们不能指望像上升市一样有一波又一波的单边上涨走势，有些题材和个股看似涨得不错，看似即将突破或已经突破阻力位，但往往维持不了多久，很快就会掉头回到整理区间。历史证明，震荡市假突破多，股价在发生有效突破之前将反复试探整理边界3~5次。

显然，靠波段把支撑线作为买点，把压力线作为卖点是较佳的操作策略。当价格接近压力线时，卖出；当价格接近支撑线时，买入。

2022年A股整体表现不尽如人意，甚至是糟糕的。上证指数、深证成指、创业板指数全年分别下跌15.13%、25.85%和29.37%。但是，泰山石油（000554.SZ）在大盘指数弱势的背景下反复活跃，走出了四波20%以上的反弹，其中2022年4月27日至6月14日31个交易日反弹更是高达55%（见图5-5）。散户只要在股价跌至5元/股的支撑位附近买入，涨至6.3元/股左右卖出，哪怕只抓住其中的1~2波行情，也能逆势赚得不错的利润。但是，股价通常不会有规律地从一端走到另一端，其价格会在该平衡区域内随意震荡游走，使得操作难度大幅增加。

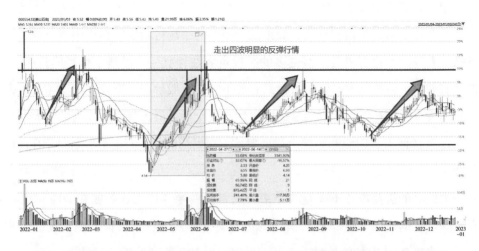

图5-5　2022年1月4日至2023年1月3日泰山石油（000554.SZ）日K线走势

（3）严守纪律做减法。

震荡市考验的是操作纪律和心态。我们知道了"在阻力位附近卖出，在支撑位附近买入"的道理，但要"做到"是有难度的。散户按照震荡市的交易原则制订了交易计划，但是当股价以看似强势的步伐上涨到阻力位附近时，如果贪婪心理战胜了交易纪律，期盼股价能成功突破，并一骑绝尘，那么止盈就成了摆设。同样地，如果股价跌到了支撑位，这时恐慌心态占主导，止跌企稳后又担忧会继续下跌而不敢买入，交易计划就变得毫无意义。因此，我们必须做减法，将主要精力专注于自己熟悉的股票，切忌来回换股、频繁操作。

5.4.2 紧跟题材更容易赢

震荡趋势下最为典型的走势特点是出现结构性行情，板块和个股出现极为明显的"二八分化"现象。也就是说，在震荡市行情中，重要的不是点位，而是对节奏和热点类型的把握。如果股民没有踩准节奏，跟上板块，很容易被来回"打脸"；反之，一旦跟对了主题，踏准了节奏，那么亦可以获益颇丰。

（1）追热点更适合于震荡市。

散户在震荡市中一定要跟随市场强势板块和个股去做，轻指数、重结构、看个股，尽量避开走势弱于大盘的个股。从 2010 年以来 A 股历史上几次比较典型的震荡市（见表 5-12）来看，每一轮震荡市行情中都有不同的领涨行业。例如，在 2014 年的震荡市行情中，汽车、房地产、有色金属等周期风格行业涨幅领先，而传媒、环保等成长风格行业领跌；在 2017 年的震荡行情中，家用电器、食品饮料等消费风格行业表现更为优异；在 2019 年 5 月至 2020 年 3 月的震荡行情中，电子、计算机、通信等成长风格行业十分亮眼，煤炭、钢铁和石油石化三个行业领跌，跌幅分别为 16.87%、13.45% 和 11.52%，而在上一轮震荡市领涨的家用电器行业以 23.81% 的跌幅位居跌幅榜首。

（2）优选成长风格行业。

在 A 股几次典型的震荡市中，具备高景气特征的成长风格行业涨幅更大、上涨频率更高。2019 年 5 月至 2020 年 3 月，在中美贸易摩擦刺激下科技补短板的政策预期强化，叠加消费电子产品供需两旺，电子行业保持较高的景气度，板块涨幅高达 61.52%，跑赢上证指数 60.24 个百分点（同期上证指数仅仅上涨 1.28%）。在此期间，电子行业有 41 只个股涨幅翻倍，12 只个股涨幅超过 200%，6 只个股涨幅超过 300%。其中，卓胜微（300782.SZ）涨幅高达 925.92%，成为当年名副其实的"妖股"，而斯达半导（603290.SH）以 673.84% 的涨幅排在同期涨幅榜前列。

表 5-12　A 股上证指数震荡市领涨行业

时间区间	指数振幅（%）	指数涨幅（%）	领涨前五的行业及涨幅
2014 年 1 月 21 日至 2014 年 7 月 25 日（125 日）	10.22	6.8	汽车（26.19%）、房地产（21.98%）、有色金属（20.97%）、综合（20.07%）、通信（15.47%）
2017 年 1 月 17 日至 2017 年 8 月 24 日（148 日）	5.42	9.31	家用电器（27.67%）、食品饮料（22.76%）、有色金属（20.77%）、钢铁（17.94%）、煤炭（13.03%）
2019 年 5 月 10 日至 2020 年 3 月 13 日（207 日）	15.5	1.28	电子（61.52%）、计算机（38.77%）、通信（26.82%）、建筑材料（26.4%）、医药生物（21.62%）
2020 年 7 月 17 日至 2020 年 12 月 31 日（114 日）	9.35	8.19	电力设备（48.54%）、食品饮料（36.05%）、社会服务（35.73%）、汽车（33.24%）、家用电器（30.57%）
2021 年 3 月 11 日至 2022 年 3 月 7 日（240 日）	12.24	0.45	煤炭（64.36%）、有色金属（38.08%）、电力设备（36.27%）、综合（24.43%）、公用事业（24.34%）

注：领涨行业为申银万国一级行业指数。
资料来源：Wind。

　　仅仅间隔 4 个月，上证指数又进入新一轮震荡行情（2020 年 7 月 17 日至 12 月 31 日），虽然此次震荡行情仍然是成长风格行业领涨，但是电力设备成为领涨行业，主要原因是国家推动碳达峰碳中和"双碳"政策不断落地，与新能源相关的电源设备、电气自动化设备等电力设备行业景气度持续上升。不到 5 个月时间，隆基绿能（601012.SH）、珈伟新能（300317.SZ）、大豪科技（603025.SH）等 13 只个股实现了涨幅翻倍，其中新强联（300850.SZ）、阳光电源（300274.SZ）涨幅超过 300%。

（3）周期股亦有所表现。

在震荡市中，煤炭、钢铁、有色金属、汽车等周期股表现亦优秀。尤其是在 2021 年 3 月至 2022 年 3 月，上证指数仅仅微涨 0.45%，而煤炭板块、有色金属板块股价实现了超常规上涨，涨幅分别为 64.36%、38.08%，跑赢上证指数 63.91 个百分点和 37.63 个百分点。

2021 年以来，煤炭供需基本面严重失衡，导致煤炭价格超历史性地上涨。其中，秦港动力煤均价为 1022 元/吨，同比上涨 79%；京唐港主焦煤均价为 2515 元/吨，同比上涨 68.1%。煤炭售价涨幅明显高于成本涨幅，带来了业绩的同比大幅上涨。2021 年煤炭行业营业收入同比增长 31.75%，归属母公司股东的净利润同比增长 74.14%。2022 年在俄乌冲突导致全球能源危机的大背景下，供给仍旧紧张，高价格、高盈利持续。超常的业绩为煤炭股提供了上涨的动力来源。冀中能源（000937.SZ）、美锦能源（000723.SZ）、山煤国际（600546.SH）等 11 只煤炭股实现了翻倍涨幅，其中，平煤股份（601666.SH）、晋控煤业（601001.SH）、兖矿能源（600188.SH）分别上涨 197.54%、198% 和 216.3%。

与煤炭板块相似，随着各国经济逐渐向好以及全球汽车电动化转型的持续推进，对有色金属的需求增速，金属价格震荡走高，行业景气度持续上行，推动板块业绩上涨。2021 年有色板块实现净利润 1154.5 亿元，同比增长 145.4%，增速水平创近五年来涨幅新高。多家企业净利润实现两倍以上增速，其中，盛新锂能（002240.SZ）、西藏珠峰（600338.SH）、盛屯矿业（600711.SH）、神火股份（000933.SZ）、中国铝业（601600.SH）净利润增速分别高达 3030.3%、2255.6%、1645.6%、802.6%、585.5%。在股价方面，明泰铝业（601677.SH）、天齐锂业（002466.SZ）、北方稀土（600111.SH）等 17 只有色金属股实现了翻倍涨幅，其中，中矿资源（002738.SZ）、江特电机（002176.SZ）、藏格矿业

（000408. SZ）分别上涨 324. 01%、331. 8% 和 340. 02%。

（4）消费股受青睐。

作为防守型板块，医药生物、食品饮料、家用电器等消费行业个股往往在震荡市中受到青睐。以食品饮料行业为例：食品饮料行业具备成长性及相对确定价值，在 2017 年 1 月至 8 月和 2020 年 7 月至 12 月的两波震荡行情中表现抢眼，分别以 22. 76% 和 36. 05% 的涨幅位居同期涨幅榜第二，分别跑赢上证指数 13. 45 个百分点和 27. 86 个百分点。其中，2020 年 7 月 17 日至 12 月 31 日，劲仔食品（003000. SZ）、巴比食品（605338. SH）、百润股份（002568. SZ）等 13 只食品饮料行业个股涨幅超过 100%，皇台酒业（000995. SZ）和泉阳泉（600189. SH）涨幅更是分别高达 327. 04%、343. 81%。

6 按图索骥寻牛股

图表是股市的语言。利弗莫尔曾说："图表只能帮助那些能读懂它的人，更准确地说，只能帮助能领会其内涵的人。"因此，散户需要科学认识图表分析，把握正确的看图方式，掌握常见指标的精髓，领悟经典走势图谱，将图表化作我们在炒股成功路上"攻城拔寨"的指路神器。

6.1 科学认识技术分析

技术分析亦可称为图表分析，它是以图表的形式，通过研究市场行为来分析判断未来的价格趋势。因为"图"直观、看似易学易懂，所以绝大多数散户甚至一些投资大咖炒股都是从"看图"开始的，且多年后仍然坚持以"图"为生。但是，散户要真正读懂弄通技术图表是一件很困难的事情。

6.1.1 看图困惑实属正常

技术分析往往给人一种纷繁复杂的感觉，大多数股民穷极一生也难以摸透。一般而言，散户对技术分析主要有以下困惑：

（1）指标太多无所适从。

自从有了股市以来，成千上万的股民想方设法去分析股市，试图看透股市，甚至驾驭股市。于是，各种炒股方法、理论、技术指标自然而然地层出不穷，并在一定时期、一定范围内受到追随者的热捧。在股市技术指标的"海洋"里，据不完全统计，股票市场技术指标有1000多种。常见的技术指标有成交量、K线、移动平均线、MACD、KDJ、RSI、BOLL、SAR、W%R、CCI、OBV等。说实话，散户要想看懂弄通这些指标，不说一时半会儿，就算是用上一年半载甚至更长时间，都是非常有难度的。事实上，大多数散户仅仅知道常见技术指标中的名称和表层意思而已，假如进一步被问及股市技术指标的计算方法、参数设置、评判标准、使用范围、指标之间的关联度（比如K线是在价格的基础上形成的，那么根据价格变化就衍生出了MACD等其他指标）等，就会茫然、似懂非懂，甚至全然无知。

（2）指标分析时对时错。

大多数散户是参考技术指标来进行股票交易的，当用不同的技术指标分析同一张股价走势图而得出不同的结论时，困惑、不解、没底气就油然而生，甚至会发出"到底哪个技术指标结论正确？"的拷问。相信很多散户都有过下面这样的经历：

第一，当股价向上突破长期整理平台、"头肩底"、"双底"等技术图表的颈线位时，有的时候是继续上涨，有的时候是回踩颈线后上涨，还有的时候是下跌。

第二，强弱指数下滑至20，按照RSI推理应该是严重超卖，市场应该反弹上涨，但股价还是继续下跌。

第三，股价回踩60日线、120日线、250日线，有时候股价有强支撑，但有时候这些所谓的支撑就像一层薄纸，一捅就破，毫无招架之力，甚至还加速下跌。

第四，当出现高开低走大阴线时，有时是强势洗盘、股价主升的前奏，有时是主力减仓出货、股价见顶，还有时是下跌途中的抵抗，而后继续下跌。

（3）指标不同结论不同。

根据单一的技术指标交易往往时对时错，很多散户自然会想到用多种技术指标来相互验证，以便提高交易的成功概率。但让人遗憾的是，散户在用不同的技术指标分析股票走势时，很容易得出不同的结论，甚至是完全相反的结论。例如：KDJ 指标金叉是买入信号，但此时 MACD 指标死叉显示又要卖出；大阳线是买入信号，但此时均线是空头排列，显示要卖出等。这些不同指标提示的不同信号，让散户更加困惑。

6.1.2 无知是困惑的根源

任何技术指标都是处于辅助地位的，不能单独作为股票交易的依据。但是，散户对股市技术图表的认识、解读和依赖程度是不一样的，困惑也因人而异、因时而异。关于股市技术图表，"一千个人眼中有一千个哈姆雷特"，其原因是多方面的。除市面上技术分析书籍良莠不齐，事后诸葛亮式的分析而实战效果不佳之外，更多的还是要从散户自身找原因。从散户自身的角度看，主要有三大根源。

（1）没有深度，即对技术指标掌握不到位。

就像我们学习数学、物理、经济学等知识，在运用公式、定理、原理等的时候都会有假设条件一样，任何工具都有使用条件和适用范围。一旦突破了前提条件和使用范围，工具或公式就会出错，甚至得出荒唐的结论。大部分散户炒股是从看图（包括 K 线、均线、成交量等）开始的，但是很少有散户去深入学习和研究这些指标的基本原理。即使是一些炒股时间较长的所谓老股民，也没有真正弄懂技术指标的含义、形成机理、使用条件。因此，散户在运用技术指标时随意性很大。看到大阳线、均线金叉、MACD 金叉就买，看到大阴线、均线死叉、MACD 死叉就卖，"一阳改三观"等依表面操作的现象太多。另外，许多技术只是从不同的侧面或多或少地表达了相同的内容，但一些散户把几种本是同根生的技术指标（如 RSI、随机指数、MACD 摆动指数等）堆砌在一起，作为一种相互验证的有力证据。还有一些散户时常误把突破趋势线和突破移动平均线作为两个重要信号，但究其实质，移动平均线不过是一种较为特别的趋势线而已，在一定的条件下，突破趋势线和移动平均线的信号几乎是一回事。

（2）没有宽度，即没有以更长时间来审视。

大多数散户偏爱刺激，喜欢短线操作，把分时图、日 K 线、短期均线作为重要的操盘依据，而较少关注周 K 线、月 K 线以及 60 日线、120 日线、250 日等中长周期性质的技术指标。结果是，只见树木，不见森林，眼光短浅。事实上，遵循"以大管小"的基本原则，先从周期更长的技术指标看图选股成功的概率更大。由于股价的短期波动存在太多的不可预见性和随机性，我们就很容易被股价短期的上下波动所困扰，陷入到追涨杀跌、频繁交易等股市的禁忌之中。

（3）没有高度，即就图看图，就股市看股市。

散户在运用技术指标时一定要先判断股价走势，是上升趋势、下降趋势还是震荡趋势，才能物尽其用。但是，绝大多数散户炒股不看大势，美其名曰"轻指数、重个股"，无论是在什么趋势下，对技术指标都采取一样的标准和态度。他们的错误在于：大盘走势在整个交易系统中具有统领的作用，技术指标信号的使用条件、有效性等都与趋势密切相关。例如，在熊市期间，由于股民对大阴线格外敏感，"乌云盖顶"K 线组合传递的信号可靠性较高；在牛市期间，股民对"大阴棒"不以为然，情绪高涨，"乌云盖顶"很容易被打掉。据不完全统计，牛市中 20% 的技术指标正确，80% 的技术指标不准确，而在熊市中 2% 的技术指标正确，98% 的技术指标不准确。

还有一些散户，每天就只是炒股，超越股市的知识一概不懂，对股市的心理层面、宏观经济、产业政策、货币政策方面也不管不问。

6.1.3　技术分析并非万能

技术分析只是炒股成功的一个必要条件。技术分析方法存在固有的缺陷，并非万能的灵丹妙药，但不懂技术指标是万万不能的。迷信它的功效和对其不屑一顾都是错误的，只有正确理解和使用技术指标，才能达到事半功倍的效果。

（1）技术分析的三大假设。

技术分析的理论源于三大假设。

第一假设：市场行为（价格或指数）包容和消化一切信息。股票市场是有效的，基本面变化、政治因素、心理因素、消息面等一切信息对股票价格造成的影响都通过交易体现在股票的价格中。如果股价突然大跌，多半就是该公司或行业出现了利空消息。

第二假设：市场以趋势的方式演变。趋势是技术分析的核心概念，价格会朝阻力最小的方向运动。当一只股票出现某种趋势的时候，下一步往往股价会沿着这个趋势运行。例如，多头排列的时候，股价多半会继续上涨，而空头排列的时候股价多半会继续下跌。

第三假设：历史会重演。技术分析简单说就是从历史的走势中寻找未来可能的走向，逻辑基础是"人性相近"。利弗莫尔指出，在华尔街，根本没有什么新鲜事，投机是人类的天性，而投机事业更是像山川一样古老。股市上的事，今天发生的，过去也必然发生过，而且将来也肯定会再次发生。一些股票形态出现后，后市还会再出现，股民可根据过去的形态对后市作出判断。

（2）技术分析的两面性。

任何事情都有两面性。技术分析由于直观、简单、使用范围广而深受广大股民的挚爱。但是，要对技术分析精通则不是一件简单的事情，而且很多比较强势的主力会利用反技术的操作方法，让技术人士被套、被洗。我们不能因对技术分析掌握得不够、对股市本质理解得不透、修行境界不高等就去质疑、否定技术分析的有效性，认为技术分析不靠谱、无用，甚至排斥、放弃技术分析。我们又不能把技术分析过度神化，去寻找神奇的万能指标，那样容易误入歧途。

（3）让技术分析插上腾飞的翅膀。

散户要把技术分析方法用好用活，把技术工具的优势发挥到极致，尽量规避技术工具的劣势，以下三点散户务必予以遵循：

第一，吃透指标原理。技术指标千千万，股市图表万万千，就像盖大楼一样，有的是普普通通的一砖一瓦，有的则是一根顶梁柱。十招会不如一招精，散户只有化繁为简，不追求多，学习几个核心指标，把它学懂、弄通、悟透即可。有太多的散户今天学这个指标，明天学那个指标，对每个指标都是一知半解，甚至误解，在指导操作时无从下手、左右为难。还有一些散户学习到一个新技术指标后，就很想去尝试，有种久旱逢甘霖的兴奋感，以为找到了赚钱发财的绝技。这当然是一厢情愿。道理很简单，一个人看了一本菜谱之后，就能成为厨师吗？一个人看了一本外语书之后，就能马上成为翻译家吗？此外，要想回避单一技术指标使用上的不足和缺陷，需要在决策时用多个关联度不大的技术指标相互印证，做到多指标共振。例如，在判断短期顶点时，不仅依据放量大阴线来操作，还结合均线指标看股价是否跌破 5 日均线，且第二天能不能站在 5 日均线之上。如果能，那么股价短期见顶的概率就大大提高。

第二，跳出指标用指标。散户仅仅根据技术指标来决策，难免会造成一叶遮目、只见树木不见森林。技术分析方法本质上是武器、是工具，而工具的主人是人！如果一个人只与政策面、资金面、情绪面等其他方法相结合，不放大格局、修炼内心，只想着让神奇指标代替自己识股选股，那么他将被工具所左右，沦为工具的奴隶。要知道，没有思想的技术，永远是"刻舟求剑"。

第三，无招胜有招。技术分析属于通往股市大师道路上的"术"，且这种"术"易学难精，但是我们还得学。只有学会了技术分析方法之后，才会明白技术分析的缺陷和不足所在，然后就增加了一项避雷躲坑的本领，看股票的眼光才会更全面、更独到。当我们的技术分析、基本面解读、心态修炼到达较高的境界之后，就会抛弃技术分析，达到"无招"的更高境界。《笑傲股市》的作者威廉·欧耐尔对技术分析的比喻非常形象：技术图表分析之于投资者，就像心电图、B 超等之于医生，再好的医生如果没有现代化的医疗设备辅助诊断，那么其高水平也无从发挥，如果一个医生赤手空拳，敢让他动手术吗？反之，即使是再好的医疗设备，如果是一个没有经验的医生，我们也不会对他有信心。

6.2 把握看图正确"姿势"

股票技术图怎么看、看什么，很多散户是糊涂的，根本就没有一套技术分析的完整体系，这是散户看图失败的根本所在。散户只有掌握了正确的股票技术图表分析方法和技巧，形成清晰的看图思路和完整的逻辑框架，才能正确理解股票图表背后的真实含义，才能让股票图表为自己所用。

6.2.1 看图格局定结局

所谓格局，就是指一个人的眼界和心胸。只会盯着树皮里的虫子不放的鸟儿是不可能飞到白云之上的，只有眼里和心中装满了山河天地的雄鹰才能自由自在地在天地之间翱翔！一个人的发展往往受局限，其实局限就是格局太小，为其所限。谋大事者必要布大局。人处在同一个时间和空间看问题会存在眼光的局限性，从高处和长远的角度看，很多事情就会变得简单而有节奏，忙而不乱。时间守恒定律在世界中是客观存在的，一个人要想得到更多奋斗和拼搏的机遇，就一定不要去计较生活当中所遇到的烦琐之事，珍惜当下，以大格局的眼光去看待万物就很容易分清轻重缓急，从而可以更高效地完成任务，以更加开放包容的心态去为人处世。

（1）趋势判断。

让我们先来看图 6-1 中三个缩略版的股价走势图，并根据第一反应来回答这三个图显示的是股价的什么趋势，即上升趋势、下降趋势还是震荡趋势。为了达到更令人满意的结果，最好是从左到右依次看图，并且在看图 6-1（a）时，用纸或其他物品把图 6-1（b）和图 6-1（c）遮掩住，同时回答上面的问题；同样地，在看图 6-1（b）时，用纸或其他物品把图 6-1（c）遮掩住，然后记下回答。

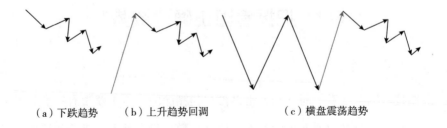

（a）下跌趋势　　（b）上升趋势回调　　　　（c）横盘震荡趋势

图 6-1　三种股价趋势

散户的回答很可能是：

图（a）是下跌趋势，股价呈波浪式下跌。

图（b）是上升趋势的回调。股价经过了一波较大的涨幅之后，目前处于震荡回调阶段，可能是主力在清洗筹码，以便今后更好地上涨。

图（c）是横盘震荡趋势。股价处于明显的震荡阶段，当股价下跌到震荡区间的底部时，股价获得支撑，再次上涨；当股价上涨至震荡区间的顶部时，股价受到阻力，再次下跌。

至此，我们应该有所启发，即对股价趋势的判断，与看问题的角度和格局息息相关。从不同的角度或视野看，得出的结论不同，会做出不同的决策，自然结果也会千差万别。因此，要想炒股成功，需要刻意去培养、练就大局观和大格局。

在此，笔者提供一种简单易用的大势判断方法。当我们拿到股票图表时，从周 K 线、月 K 线等更长周期角度去看图表。如果从日线图去观察的话，可以把 5 日线、10 日线、20 日线等短期均线删掉，均线只显示半年线、年线，这样就可能避开很多干扰信息，得到完全不同的结果，操作起来也更有底气。

（2）格局是时间和空间的纵深感。

哲学上，空间和时间的依存关系表达着事物的演化秩序。股市中，站在时间和空间视角更能看清股市趋势，避免过早抄底而被套或提前卖出而失去机会。很多散户甚至技术派分析高手在2007年大牛市顶点6124点位的下跌中一次次抢反弹却屡屡被套，也有很多散户在2008年的大底部1664点上涨至3478点过程中，唯恐是反弹，见高出掉股票。更进一步领悟股市时空律，需要注意以下三点：

第一，股价位置影响技术指标所传递信号的强弱。在相对高位的"大阳线"见顶出货的概率较大，而在相对低位的"大阳线"预示着主力建仓完毕准备拉升。由于股民对底部阳线的反应迟钝及对持续阳线的抵触，根据相对低位"红三兵"K线组合买入的实战效果并不好；反之，由于人们对阴线的敏感及对持续阴线的恐惧，相对高位的"三只乌鸦"K线组合传递的卖出信号就十分明显。

第二，重大趋势变化需要时间。罗马不是一天建成的，真正重大的趋势也不会在一天或一个星期就结束，它走完自身的逻辑过程需要时间。如果位置到了，时间不到的话，就只能震荡等时间。所以，在股市中那种尖顶、尖底的走势形态相对较少，而M顶、三重顶、W底、三重底等技术图形相对较多。如果一只股票从50元/股跌到10元/股，那么很长时间内它都难以再重新回到这一高位。这就好比一名腿伤严重的运动员，需要很长时间的康复，才能再像以前一样奔跑跳跃。

第三，走势时间影响未来涨跌空间。"横有多长，竖有多高"是对股价运动时间与空间之间关系的高度概括。一般而言，底部建仓的时间越长，下一阶段的上涨会越流畅；顶部出货的时间越长，接下来的下跌会更直接。股价在上涨过程中，价格在某一时刻会出现回调，如果股票是健康的，回调的幅度和持续的时间将很短暂，很快就会获得买入支撑，而支撑力量在短期内将股价推高到新的高点。股市中经常有短线资金快速建仓、快速拉升形成"妖股"走势，但往往是涨得快，跌得也快。

（3）量价时空高境界。

散户往往更多地关注股价的涨涨跌跌，很少从价格、成交量、时间、空间去综合分析股票运行，导致看图思路狭窄，成功概率不大。一般来说，新手重价，老手重量，高手重势。我们需要去理解、感悟量价时空各因素及其相互作用对股票运行趋势的影响。例如，价格是技术分析的首要因素，每一个交易价格都是所有的市场参与者瞬间达成一致并实现交易的结果。在该成交价格上，卖出者觉得自己的卖出是正确的，买入者觉得自己的买入是值得的。任何一种基于价格的分析方法，如果再加上有效的成交量分析，往往能将其研判水准提升一个档次，从而提高行情判断的成功率。

6.2.2　细微之处见真章

散户要想取得成功，需要具备见微知著的能力，不仅要重视股票的正常运动，还要关注股票的异常走势和不正常运动。利弗摩尔曾说："一旦哪种股票违背了普遍的规律，你就应该对这种特别的股票予以额外的关注。"① 当遇到异常情况的时候，散户一定要多问几个为什么，多思考背后的逻辑。下列情形是常见的异常之处：

（1）股指牛相而个股熊样。

在"牛熊"转换之初、反弹见顶之际，往往会出现个股不与大盘同步的现象：大盘由少数的金融、石油、"中"字头等权重股推动上涨，而占多数的中小盘股大多下跌，亏钱效应明显，连板高度也有限，形成明显的指数上涨、个股下跌现象。此时，大盘指数已经严重失真，预示着大盘即将见顶。以 A 股 2007 年历史罕见的牛市见顶为例，2007 年 7 月 26 日，上证指数报收 4346.46 点，突破了 5 月 29 日以来近两个月的整理平台。之后，上证指数持续大涨，至 10 月 16 日达到历史高点 6124.04 点，54 个交易日累计上涨 40.90%。在大盘指数大涨的同时，反而出现明显的亏钱效应。在 7 月 26 日至 10 月 16 日，个股下跌家数超过上涨家数的交易日高达 24 天，占全部交易日的 45.28%，而其间只有 4 个交易日的下跌家数占比低于 50%（见表 6-1）。

---

① 利弗摩尔. 股票大作手回忆录 [M]. 荣千，译. 上海：立信会计出版社，2016：152.

表 6-1 　2007 年 10 月上证指数见顶前个股涨跌情况

日期	平盘数（家）	下跌数（家）	上涨数（家）	下跌家数占比（%）
2007 年 8 月 1 日	114	1201	145	82
2007 年 8 月 7 日	132	803	527	55
2007 年 8 月 8 日	135	946	383	65
2007 年 8 月 10 日	141	1025	301	70
2007 年 8 月 13 日	147	728	595	50
2007 年 8 月 15 日	141	879	450	60
2007 年 8 月 17 日	150	824	502	56
2007 年 8 月 27 日	151	841	489	57
2007 年 8 月 28 日	148	770	563	52
2007 年 8 月 29 日	140	867	474	59
2007 年 9 月 4 日	134	889	458	60
2007 年 9 月 7 日	144	1042	295	70
2007 年 9 月 11 日	128	1267	86	86
2007 年 9 月 18 日	144	676	664	46
2007 年 9 月 19 日	137	971	380	65
2007 年 9 月 21 日	136	942	412	63
2007 年 9 月 24 日	147	698	645	47
2007 年 9 月 25 日	142	809	542	54
2007 年 9 月 26 日	150	961	382	64
2007 年 10 月 8 日	159	800	535	54
2007 年 10 月 10 日	152	930	413	62
2007 年 10 月 11 日	136	1036	323	69
2007 年 10 月 12 日	136	1076	285	72
2007 年 10 月 15 日	156	720	621	48

注：下跌家数占比＝下跌家数／（平盘家数＋下跌家数＋上涨家数）。

（2）股价假突破。

一般而言，有效突破趋势线（包括阻力位）后将延突破的方向继续上涨或下跌。但是，如果股价突破之后没几天就回到原来的整理区间，而没有如想象中那样继续上涨或下跌，这就是假突破。对于往上的假突破要及时止损，而往下的假突破是大涨之前的"深蹲"动作，要及时买入。投资大师利弗莫尔把假突破视为极为重要的操作机会："以我自己的经验，如果股价跌穿支撑线，交易量大增且股价很快弹回支撑线之上，这是极佳的买入机会。"

（3）分时图异常拉升。

很多散户不具备见微知著的能力，不去看、不会看分时图，其实绝大多数细节都体现在分时图异动中。

第一，尾盘拉升诱惑多。如果某股票分时图全天运行在低位，尾盘快速拉升，形成长阳K线，那么这种中大阳线是假的或成色不足，尤其是高位的尾盘拉升。例如，襄阳轴承（000678.SZ）在2023年7月21日14：00左右突然直线拉升将近12个百分点，由跌2%到涨9.78%，尾盘略回落以大涨6.11%收盘，形成放量上涨的中阳线，大有第二波上涨之势。但随后的4个交易日累计下跌23.04%，其中2个交易日均是大幅低开以跌停收盘，让不明就里的散户被深套其中（见图6-2）。

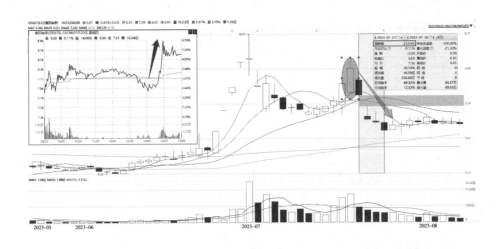

图6-2　2023年5月25日至8月8日襄阳轴承（000678.SZ）日K线走势

第二，一气呵成涨停。在分析股票走势的时候，散户要看"形"，更要观"势"，用心去感悟价格涨跌的"势"，包括分时图和K线图上价格变化的力度、速度、坡度等。一般而言，上涨的力度越大、角度越陡峭、速度越快，说明做多的力量越强大，此时买入成功的概率较大。例如，2022年跨年"妖股"西安饮食（000721.SZ）在2022年10月19日开盘秒涨停，收盘仍有2万多手封单，这明显是主力所为。次日，虽然早盘股价始终弱势震荡，但是午后开盘直线拉升14%左右，封死涨停，气势磅礴，一气呵成。随后震荡整理10个交易日，11月3日再次强势涨停，开启大涨之路，至11月18日共12个交易日累计上涨121.77%（见图6-3）。一般而言，普通股民的资金操作是杂乱无章的，无法对股价的波动产生强大的影响作用，如果在盘中发现分时走势形态完美、封板坚决的个股，那是非常理想、值得参与的目标股。

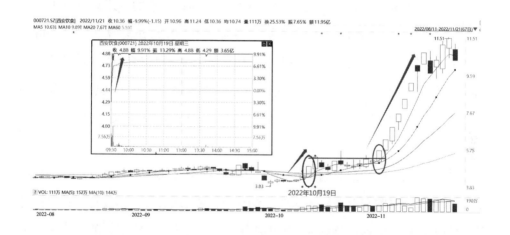

图6-3 2022年8月11日至11月21日西安饮食（000721.SZ）日K线走势

6.2.3 图表背后是心理

我们一定要认识到，世间所有事的背后都是人，股市中价格、成交量、K线、均线、M顶、大阴线等所有技术指标或图表背后都有人的痕迹。差别在于，这种人为痕迹有时显而易见，有时难以发现，这取决于我们是否有发现图表背后"人"的因素的意识和能力。可以说，炒股表面上是看图，实际上是对人性的了解和把握。因此，散户除从股价趋势、量价时空、分时图等角度分析技术图走势之外，还需要从人性角度去解读股票走势图背后的心理。下面从心理角度对 K 线、支撑位、阻力位以及极端走势予以举例解读。

（1）K 线心理解读。

K 线背后是人的心理博弈。每一根 K 线、每一个 K 线组合均代表了不同的心理。一般而言，光头光脚大阴线、长上影线阴线、"乌云盖顶" K 线组合、"三只乌鸦" K 线组合等反映的是恐惧心理，是下跌征兆；光头光脚大阳线、"早晨之星" K 线组合、向上跳空缺口等反映的是希望、急迫的心理，是上涨征兆；小阴小阳线表示的是多空双方势均力敌，双方都处在暂停积聚力量的阶段。

散户仅仅了解 K 线所反映的上述心理特征是远远不够的，还需要有更进一步、更深入的思考。例如，只简单了解"乌云盖顶" K 线组合反映的是恐惧心理、下跌征兆是比较肤浅的，我们需要抓住该 K 线组合反映的核心心理是"市场情绪在短期内的惊天逆转"，即由第一天的乐观、坚信，甚至狂热、疯狂，到第二天的怀疑、观望、谨慎甚至失望、悲观，这样才能从本质上把握该 K 线组合。

再如，仅仅了解"三只乌鸦""红三兵" K 线组合在图形和形成机理上是相反的，分别代表看跌和看涨信号也是不够的，还需要从心理的角度把握：股民对底部阳线的反应相对迟钝及对持续阳线抵触，"红三兵" K 线组合的见底信号不强，可仅作为警示性信号对待，以继续关注为主；股民对顶部阴线的反应相对敏感，尤其是对连续的中阴线更是担惊受怕，"三只乌鸦" K 线组合发出的信号更强，经常被视为股价下跌的确认性信号，大概率是头部或下跌中继，需第一时间撤退。

（2）重要关口为何总有反复。

在股价的重要关口，上涨阻力和下跌支撑都很强大，往往不会一蹴而就，总会来回震荡。自从 2007 年初上证指数第一次站上 3000 点以来，上证指数涨到过6124 点的历史高点，也下探至 1664 点的阶段低位。16 年里，穿梭于 3000 点，上证指数大致开展了 7 轮"保卫战"，每次都经过较长时间的拉锯。3000 点整数关口之所以成为投资者的心理防线，在很大程度上是由于该关键点位被反复确认，在市场累加的共识之下，3000 点逐步成为许多投资者止盈、止损以及加仓减仓、平仓的标志性位置。当上证指数跌至 3000 点左右时，持币者觉得股价已经相当便宜，随时准备入场抄底，而持股者觉得该位置偏低，再卖就不划算了，也就不再卖出，甚至加仓买入，股价就容易止跌企稳。相反，当上证指数上涨至 3000 点左右时，持股者会觉得股价较高，开始止盈卖出，持币者也不打算买入，股价就容易掉头往下。

（3）股价极端情景下的心理。

在极端行情下，人性体现得淋漓尽致。在股价见顶阶段，股民信心极度高涨、贪婪、狂热、疯狂，股价出现前所未有的逼空走势，盘中直线拉升，各种大阳线、一字板、向上跳空缺口等随处可见，股价始终在 3 日、5 日均线之上高举高打，很少给那些"恐高"、犹豫的股民买入的机会，让人有窒息的感觉。正如"上天欲使其灭亡，必先令其疯狂"，股价见顶之后往往迎来的是大幅下跌，前期涨幅越大，后期跌幅就越大。同样地，在股价见底阶段，我们也可以感受到股民的那种悲观、绝望、恐慌的情绪，不断出现大阴 K 线、跳空低开 K 线，股价始终受 5 日均线压制，各种均线空头排列就像一只巨大无形的黑手压得股民喘不过气来。

（4）从心理角度看短期暴跌和长期阴跌。

对相同跌幅的短期暴跌股和长期阴跌股而言，两类股票下跌的方式不同，持股者心态也是完全不同的，反弹的阻力、空间等均相差较大。对短期暴跌股而言，由于持股者短期亏损大，往往急得像热锅上的蚂蚁，情绪几近崩溃，但是还心存希望，心想只要反弹减亏就立马卖出，自然反弹的压力就较大。而对长期阴跌股而言，经过长时间的下跌，该卖的基本上都"割肉"了，剩下的持股者的心态已经麻木，有的把股票账户丢到一边不看，有的已经卸掉交易软件，有的甚至还忘记了持股这回事，总之是一点希望都不抱了，听之任之。这些持股者相当于替主力锁仓了，后市反弹上涨反而变得更容易，上涨阻力也没那么大。

金科股份（000656.SZ）自 2020 年 8 月 24 日创历史新高 10.38 元/股以来，经历了长达 3 年左右的下跌，截至 2023 年 5 月 26 日创下了历史最低价 0.77 元/股的纪录，668 个交易日累计下跌 90.30%。无论是从股价的跌幅时间还是跌幅空间来看，下跌都已经到位，仍然持股的股民算得上是"老赖"了。当股民还在担忧该股面临面值退市的风险时，先知先觉的资金悄悄进入，叠加房地产股多重政策利好，以四两拨千斤之势推动股价持续大涨，短短 38 个交易日涨幅高达202.33%，并走出了 8 天 5 个板的"妖股"走势。

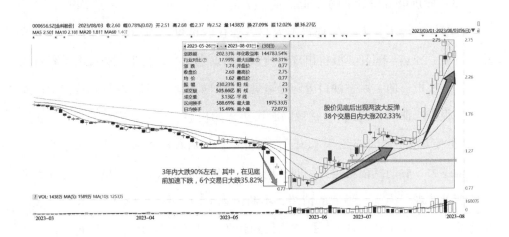

图 6-4　2023 年 3 月 1 日至 8 月 3 日金科股份（000656.SZ）日 K 线走势

6.3　另眼看图表工具

大多数散户对常见的技术指标或多或少有所了解，但对这些指标的意义、适用范围等能真正把握的仍屈指可数。本书不是专门的股市技术分析书籍，无意包罗万象，也不可能包括所有内容，主要是对几种常见的、有操作意义的技术分析工具做一个提纲挈领的阐述，散户熟练掌握之后足以应对复杂的市场。

6.3.1 趋势线

趋势线是股票技术分析方法中最常见的工具之一。对散户而言，心中一定要有趋势线。正确理解并使用趋势线是决定顺势交易还是逆市交易的关键因素。一般而言，股票（指数）的走势不外乎是上升、横盘和下降三种，对应的趋势线简单分为上升趋势线、下降趋势线和盘整趋势线（见表6-2）。

表6-2　趋势线类型及操作规则

类型	基本走势	核心要义及一般操作规则
上升趋势线	阻力线/上升趋势线　支撑线	上升趋势中，高点一波比一波高，低点也是一波比一波高，至少将两个低点连接起来就形成了一条上升趋势线。出现上升趋势线说明买方比卖方更为主动、积极
下降趋势线	阻力线/下降趋势线　支撑线	下降趋势刚好与上升趋势相反，连接至少两个下行波浪的高点就形成下降趋势线。出现下降趋势线说明空头占优，卖方比买方更为主动、积极
盘整趋势	阻力线　支撑线	矩形，为一系列横盘延伸的波浪的顶和底。高点不比前一高点高，低点也不比前一低点低，呈箱体走势

利用趋势线赚钱需要把握以下三点：

（1）耐心等待转折点的到来。

转折点是股价运行方向改变的时间节点。任何股票的走势都存在由涨转跌、由跌转涨、由横盘转跌、由横盘转涨的转折点。但是，一只股票走完一段正常的行情直到突破某个关键点位是需要时间的。这时，耐心显得尤为重要。在股价没有明显突破之前，买入过早或者过晚都不是很好的选择，都将会让一个人的金钱和精神遭受损失，更有可能在机会真正来临之际失去信心和机会。我们一定要牢记，股市中没有100%的事情。例如，W底有可能发展成三重底，也可能会形成多重底，究竟是什么底，只有事后走完才知道，在此之前散户唯一要做的是耐心等待突破的到来。

（2）精准识别突破的真假强弱。

股价在长时间的运行中会形成支撑或阻力。支撑位和阻力位分别像地板和天花板一样，而价格就像三明治一样夹在其间。当股价突破原有趋势的支撑位或阻力位时，就向我们发出了重大变化的信号。

散户首先可以从突破时的价格、成交量、力度等角度判断突破的真假强弱（见表6-3）。一般而言，放量强势突破意味着突破更真实、更有效。

表6-3　有效突破趋势线的参照标准

项目	标准
价格	股价超过趋势线3%以上
成交量	在向上突破下降趋势线时，必须随着成交量的大幅增加，而向下突破上升趋势线时则不一定需要成交量增加
力度	突破力度越大，突破越有效。大阳线、大阴线、跳空缺口往往意味着突破力度大
时间	股价在趋势线3天以上

其次，突破前股价走势也提供了突破真假强弱的信息。以突破盘整趋势为例，一般而言，盘整时间越长，突破就越有参考价值。在其他条件不变的情况下，10个交易日的震荡区间只能提供较弱的支撑或压力，6个月的震荡区间可以成为中等强度的支撑或压力位，而1年的区间会成为人们广为接受的价值标准，

继而成为重要的支撑或压力位①。很多股民在长时间的横盘整理中被折腾得死去活来，早就没有耐心持有了，剩下的是"死多头"。一旦有新的多头力量加入，股价拉升就相对容易。

盘整区域内的成交量大小也是影响突破真假强弱的重要因素。盘整区域内的成交量越大，突破就越真越强。震荡区的高成交量表明交易者参与积极，这是一个感情上强烈认同的信号；低成交量表明交易者在此价位参与交易的兴趣不大，是一个弱支撑或弱压力的信号。②

最后，也是影响突破真假强弱最为重要的因素，即市场走势。在大盘处于上升趋势或盘整趋势中，个股也属于热点强势板块，个股真突破居多。反之，弱势行情下假突破居多。

（3）在起爆点敢于交易。

突破意味着多空双方暂时的均衡被打破，仿佛向平静的湖面扔进了一块大石头，一石激起千层浪。一旦形成突破，价格走势往往具有持续性，此时若跟进突破的方向买进或卖出，盈利的可能性往往会大于亏损的可能性。

一般而言，相对较为激进的散户选择在首次发出信号的时候做买卖操作，而相对较为保守的股民往往根据再次确认的信号来交易。以头肩底为例（见图6-5），

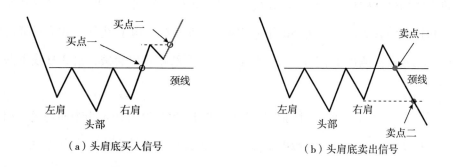

（a）头肩底买入信号　　　　　　　　　（b）头肩底卖出信号

图6-5　头肩底及买卖信号

---

① 埃尔德. 以交易为生［M］. 符彩霞，译. 北京：机械工业出版社，2010：69.

② 尼森. 日本蜡烛图技术：古老东方投资术的现代指南［M］. 丁圣元，译. 北京：地震出版社，1998：194.

激进的投资者往往在股价突破颈线时的"买点一"位置买入，而在跌破颈线时的"卖点一"位置卖出；稳健型投资者则往往在股价突破颈线、经回抽后已超过前面的高点，或者达到有效突破的标准时的"买点二"位置再买入，而在股价跌破头肩底的右肩位置时再止损卖出。

6.3.2 均线

均线是移动平均线的简称，是以一定交易时间内的收盘价按照算术平均的方法绘制而成的线，不仅消除了股价不规则的偶然变动，而且揭示了股价的运动方向和当前市场的平均成本，是散户使用最为广泛、最为常见的一种技术分析工具。

（1）均线类型。

常见的有 5 日线、10 日线、20 日线、30 日线、60 日线、120 日线和 250 日线。一般从时间长短的角度将常见的均线分为三大类。

第一类，短期均线。常见的有 5 日线、10 日线，是散户短线操作常用的参考指标。当然，也有部分短线选手，采用 3 日线、7 日线、11 日线作为决策参考。在典型的上升通道中，股价一般沿着 5 日线上涨，以 10 日线为支撑。一旦股价有效跌破 10 日线，或者 5 日线下行与 10 日线死叉，则预示着空方开始占优，行情即将转弱。而在典型的下降通道中，5 日线、10 日线往往成为反弹的阻力位，尤其是在熊市中后期，大多数个股连 5 日线都难以突破，沿 3 日线下跌的居多。

第二类，中期均线。一般把 20 日线、30 日线和 60 日线称为中期均线。相对于短期均线，中期均线的灵敏度要低一些，波段操作的散户更喜欢中期均线。

第三类，长期均线。主要用来判定大盘及个股的中长期走势，常见的有 120 日线（半年线）和 250 日线（年线）。很多人把年线称为牛熊线，如果指数（股价）处在年线之上，且年线保持上行态势，说明走势偏强，适合买入或持有；如果处在年线之下，且年线保持下行态势，说明走势偏弱，更适合观望。

（2）常见均线组合形态。

除了从单根均线来获取所需信息，还可以根据多根均线的走势来综合判断（见表6-4）。例如，一条较短周期的均线由下而上穿过较长周期的均线，称为"黄金交叉"，简称金叉。短、中、长三种周期的均线并列上涨，称为多头排列。

表6-4　常见均线组合形态

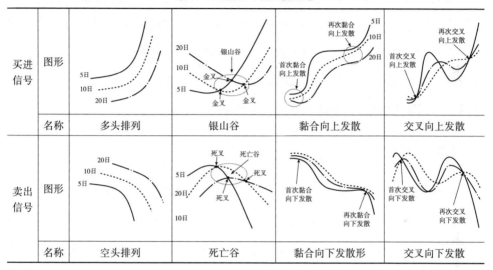

买进信号	图形	多头排列	银山谷	黏合向上发散	交叉向上发散
	名称	多头排列	银山谷	黏合向上发散	交叉向上发散
卖出信号	图形				
	名称	空头排列	死亡谷	黏合向下发散形	交叉向下发散

（3）操作要点。

第一，关注均线的支撑、阻力和引力作用。助涨助跌是移动平均线最重要的特点之一。也就是说，当股价突破（无论是向上突破还是向下突破）均线时，股价有继续向突破方面再走一程的趋势或者说惯性，起到支撑线和压力线的功效。以年线为例，在牛市当中的大多数情况下，调整到达年线就会受到明显的支撑，比较适合补仓和抢反弹。在熊市中，如果反弹到年线附近，遇阻回落的概率非常大，比较适合减仓。除均线的支撑和阻力作用之外，还有一个散户容易忽视的作用——吸引力作用。简单地说，吸引力就是股价不能偏离均线太远，如果股价距离均线太远的话，会产生价格回归，在平均线的吸引下发生回挡，朝平均线靠近。当遇到股价短期暴跌，远低于5日线之后，大概率会反弹，适合短线抄底，快进快出；当股价短期暴涨，远高于 5 日线之后，大概率会回调。

第二，关注支撑阻力角色转换。与趋势线相似，均线的支撑和阻力角色也会发生转换，即股价跌破原来的支撑线，支撑变阻力，同样地，突破主力线之后，阻力变支撑。

第三，关注均线拾级的运动。在上升趋势或下降趋势中，股价会从更短周期均线向更长周期均线依次突破或跌破。以底部反弹走势为例：股价下跌见底之后，第一任务是止跌企稳突破 5 日线，而后就是先后突破 10 日线、20 日线、30 日线、60 日线、120 日线、250 日线，每突破周期较长的均线之后就要回踩周期次长的均线，如股价突破 10 日线后回踩 5 日线，等待一段时间之后再次突破 20 日线，再回踩 10 日线，如此依次更替上涨。

6.3.3　K 线

K 线又称蜡烛图，起源于日本，根据一定时期内股价（指数）的开盘价、收盘价、最高价、最低价四个价位绘制而成，具有直观、信息量大的特点，能较好地展示买卖双方的相对强弱、市场参与者的心理和筹码供需状况，是散户最常用的技术分析指标之一。很多散户知道阳线、阴线，而对 K 线的分时走势、背后心理、传递的信号及其准确程度等却知之甚少，误解误判的居多。事实上，散户从 K 线的实体大小、影线长短、总分结合和心理四个方面可以快速把握 K 线的精髓及其传递的信号。

（1）实体大小。

K 线的实体长短表示收盘价与开盘价两者之间价差的大小，是多空双方力量、主力意图的重要体现，被认为是 K 线图中最重要的部分。短小的实体 K 线表明市场力量犹豫不决、优柔寡断，多空双方相对平衡，正在进行方向性选择，最为典型的是十字星 K 线。而长长的实体代表多方或空方的压倒性力量，十拿九稳地掌控股价。在整个 K 线体系中以大阳线、大阴线以及大震荡（振幅超过7%）K 线最为重要。"门外汉"看 K 线图时，眼里是所有的 K 线，而高手看盘，只看重要的大 K 线（大阴线、大阳线及宽振幅 K 线）。

一般而言，大阳线表示多空双方经过较量，最终多方占压倒性的绝对优势，大有过关斩将、碾压甚至秒杀空方的气势。我们要用心感悟这种强大的气势。值得注意的是，千万不能见到大阳线就无脑买入，甚至"一阳改三观"。依大阳线操作的成功率需要与其位置、成交量大小以及大盘强弱等结合起来。好好体会下面的经验之谈吧！

第一，底部的一根大阳线甚至多根大阳线一时半会儿集聚不了人气，改变不了趋势。没有走出强势趋势，底部再多的大阳线也没有用。

第二，在大盘强势、属于热点题材或板块时，出现低位、放量突破重要趋势线的大阳线，接下来几天走势在实体的 1/2 之上，相对更为可靠。

第三，高位放量的大阳线，往往是见顶的强烈信号。

与大阳线同样重要的是大阴线，大阴线传递的信号基本上与大阳线相反，预示着空方的极度强大，股市中把跳空低开的大阴线称为"关门打狗""墓碑线"，可见大阴线对人们心理造成的负面影响之大。一般而言，大阴线尤其是高位大阴线信号相对更为准确，大多数个股见顶是以大阴线结束。例如，中通客车在 2022年 5 月 13 日至 7 月 18 日短短 31 个交易日涨幅高达 485.94%，然而在 2022 年 7 月 19 日出现天地板见顶，至 8 月 8 日短短 15 个交易日下跌 36.18%。如果按 7 月 19 日的最高价 27.97 元/股计算，那么 15 个交易日跌幅高达 41.97%（见图 6-6）。

（2）影线长短。

影线表示的是大幅冲高回落或者是探底回升，说明市场心态不稳定，多空双方博弈激烈，是股价变盘或反转的重要信号。具体操作需要根据上下影线的位置、影线的长度及接下来股价走势来定（见表 6-5）。

（3）总分结合。

深入了解 K 线需要解剖 K 线。如果我们从分时图和 K 线组合角度去读取、理解和领悟，将会得到意想不到的效果。以大阴线为例（见图 6-7），大阴线可以解构成"空方炮"、"黑三兵"、下跌抵抗型、下降三法、倒三阳等 K 线组合，一些经验不足的散户看到"倒三阳" K 线组合，很容易从阳线看涨的思路去解读，从而做出误判。

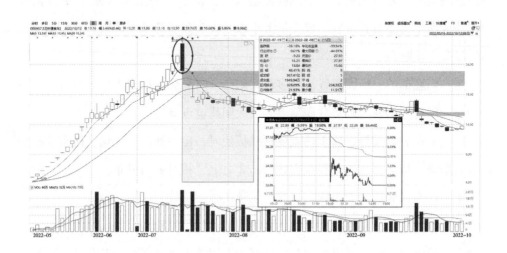

图 6-6　2022 年 5 月 16 日至 10 月 12 日中通客车 K 线走势

表 6-5　长影线基本含义及操作要义

类型	基本含义	操作要义
长下影线	买盘意愿强烈，下方有支撑	在下降趋势的低价位区域，可能是见底的提示性信号。但是，由于底部第一波反弹往往以失败告终，不能立马大仓位买入，因此待长下影线的支撑能力得以考验之后买入的成功概率更大。在上升趋势的高价位区域，可能是见顶的提示性信号，需要观察下一个交易日收盘价情况：如果下一个交易日收盘价低于长下影线实体，则需要及时卖出；反之则相反
长上影线	卖盘强大，多方攻击受挫	一般而言，在高价区、阻力区或超买区，长上影线暗示卖盘沉重，多方上攻动能衰减，空头可能有能力重新掌控市场。如果近期收复长上影线，把长上影线套牢的筹码解放出来，说明多方有能力发动第二次攻击，因而把长上影线被打掉当成买点是一个不错的方法

在解构 K 线的基础上，我们还需要对 K 线及其组合所传递的信号强弱做出判断。从单根 K 线来看，长实体和长影线发出的信号更为明显。从 K 线组合来看，不同的 K 线组合所传递的信号亦差异很大。例如，上升趋势中见顶信号由强

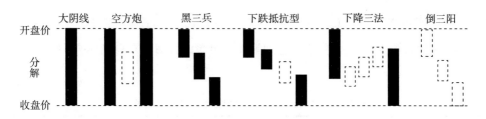

图 6-7　大阴线及其解构

至弱分别是阴吞阳、"倾盆大雨"、"乌云盖顶"、"淡友反攻"，下跌趋势中见底信号由强至弱分别是阳包阴、"旭日东升"、"曙光初现"、好友反攻（见表 6-6）。

表 6-6　常见见顶见底 K 线组合及信号强弱

上升趋势中见顶信号的 K 线组合	图形				
	名称	"淡友反攻"	"乌云盖顶"	"倾盆大雨"	阴吞阳
	特点	形态相似，由一阳一阴两根 K 线组成，属于典型的止涨反跌形态。反转信号由强至弱：阴吞阳>"倾盆大雨">"乌云盖顶">"淡友反攻"			
下跌趋势中见底信号的 K 线组合	图形				
	名称	好友反攻	"曙光初现"	"旭日东升"	阳包阴（穿头破脚）
	特点	形态相似，由一阴一阳两根 K 线组成，属于典型的止跌反涨形态。反转信号由强至弱：阳包阴>"旭日东升">"曙光初现">好友反攻			

（4）心理。

结合分时图来解读 K 线组合的背后心理，更能体会多空双方的博弈，更能有身临其境的感觉，也更能理解 K 线组合的寓意。下面是对"乌云盖顶"（见

表6-7)、"黄昏之星"（见表6-8）、"三只乌鸦"（见表6-9）和"早晨之星"（见表6-10）的K线组合分解及心理解读，更多内容请读者自己体会。

表6-7 "乌云盖顶" K线组合分解及心理解读

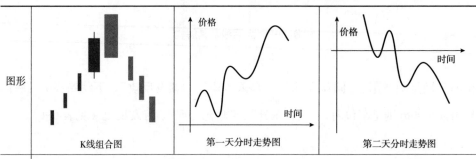

图形	K线组合图	第一天分时走势图	第二天分时走势图
形态特征	在上涨后期，第一天出现一根中阳线，次日出现一根高开低走的中阴线，中阴线收盘价在昨日中阳线实体的一半以下		
心理解读	第一天延续前期的涨势，持股者兴奋不已，甚至有点狂热和疯狂。第二天那些患得患失、一直不敢下手的人，害怕再次踏空而终于鼓起勇气加入多头队伍，与昨日上涨惯性共同推动股价高开。但是，高开之后上攻乏力，上午追高的新多头意识到可能是在山顶上站岗，不再继续买入；潜伏者看到高开低走的走势，感觉到上升动能可能竭尽，有见顶的可能，选择继续观望；持股者则考虑逢高减仓，落袋为安。这些因素综合导致股价走低，让人感到意外，甚至悲观		

表6-8 "黄昏之星" K线组合分解及心理解读

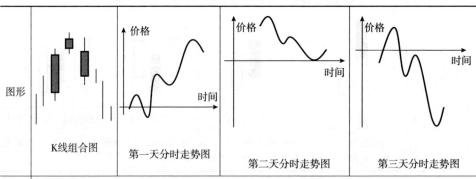

图形	K线组合图	第一天分时走势图	第二天分时走势图	第三天分时走势图
形态特征	在一段急速上涨的末端，第一天出现一根没有长影线的中阳以上K线，第二天出现一根跳空高开的十字星，第三天是跳空低开低走的大阴线			
心理解读	第一天人们情绪高涨，全天保持单边涨势，甚至出现前所未有的逼空走势；第二天延续昨日惯性高开，但是人们的情绪在谨慎和兴奋之间波动，多空双方高位势力均敌；第三天跳空低开，全天为单边跌势，把第一天的亢奋情绪全部浇灭，形成"关门打狗"之势			

表 6-9 "三只乌鸦" K 线组合分解及心理解读

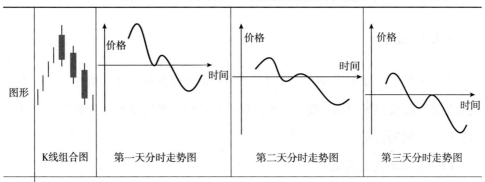

图形	K线组合图	第一天分时走势图	第二天分时走势图	第三天分时走势图

形态特征	在股价高位或者相对高位，出现三根依次下降、上下影线较小甚至没有上下影线、实体大致相等或越来越大的中阴线
心理解读	股价在经过一段时间的上涨之后，股民信心高涨，但是最近连续三天都是跳空高开低走，持股者刚燃起的信心开始动摇，更严峻的是盘中没有反抗，逐波下跌，基本在最低价附近收盘，这时股民越来越失去信心，甚至开始恐慌，争相卖出

表 6-10 "早晨之星" K 线组合分解及心理解读

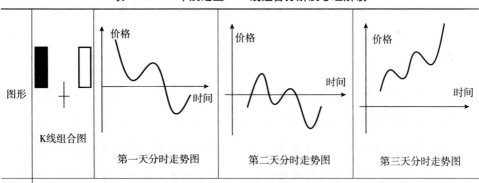

图形	K线组合图	第一天分时走势图	第二天分时走势图	第三天分时走势图

形态特征	在下降趋势中，先是一根中阴线，随后是一根向下跳空的小阴线或小阳线，第三天是跳空高开高走的中阳线
心理解读	在长期下跌或者短期急跌的末端，股民的情绪近乎崩溃，某日股价单边下跌，没有任何抵抗，形成放量下跌的大阴线。次日，股价顺势跳空低开，但今日多空力量势均力敌，收十字星。第三天多头发力，跳空高开高走"收复失地"，形成大阳线

需要提醒的是，除从上述四个角度分析 K 线之外，更重要的是要与趋势线、均线、成交量等其他技术指标相结合，并综合考虑基本面、消息面等因素，这样

才能发挥 K 线分析的最大价值。

6.3.4　成交量

在众多的股市技术指标中，成交量是散户最容易忽视的技术指标。用好用活成交量指标需要准确判别成交量大小，保持对量价背离的敏感度，把握成交量与股价位置之间的关系。

（1）了解成交量的威力。

成交量是市场参与者投入的真金白银，成交量的大小直接表明了多空双方对市场某一时刻的技术形态最终的认同程度，是最真实的"君子"。股市中所流传的"春江水暖'量'先知""股价未涨量先涨""什么指标都有可能骗人，唯有成交量不会骗人"等有关成交量的话语是对成交量重要性的最好诠释。进一步地，将成交量与价格结合起来的量价分析是一切技术分析方法中最强大的武器。正如安娜·库林在《量价分析：量价分析创始人威科夫的盘口解读方法》一书中提到①：

> 在交易中心只有两个最重要的指标。一个是价格，另一个是成交量。如果孤立地看这两个指标，我们得到的信息不多，但如果将这两个力量相结合，就会产生一个非常有力量的分析方法……离开价格谈成交量是毫无意义的……只有将成交量与价格相结合时，两者间才能发生化学反应般的作用使得量价分析成为爆炸性的分析工具。

（2）成交量的相对性。

成交量的大小是相对的。市值大小、流通市值大小、活跃度高低等都对成交量影响较大，在判断成交量大小、是否放量时，要有一个"标杆"或者参考依

① 安娜·库林. 量价分析：量价分析创始人威科夫的盘口解读方法［M］. 肖凤娟，译. 北京：中国青年出版社，2016：44.

据，需要考虑以下因素：

第一，股票市值大小。不同市值尤其是流通市值股票的成交量差异较大（见表6-11）。对于市值万亿元以上的大盘股来说，日成交额在20亿元以下算是小的。例如，2023年6月30日，A股市值最大上市公司贵州茅台（600519.SH）的总市值为21242.30亿元。在2023年1月1日至6月30日的区间日，日均成交额高达42.10亿元。对市值5000亿元的上市公司股票来说，日均成交额20亿元算是大的。而对于流通市值只有50亿元的小盘股而言，日成交额5亿元是天量。例如，海陆重工（002255.SZ）2023年上半年日均成交额不到1亿元，最高成交额发生在2月14日，仅2.21亿元。

表6-11　总市值、流通市值与成交额大小之间的关系　　　单位：亿元

证券代码	证券简称	总市值	流通市值	区间日均成交额
600519.SH	贵州茅台	21242.30	21242.30	42.10
601939.SH	建设银行	11838.72	600.56	5.93
600938.SH	中国海油	5144.86	541.79	8.95
000333.SZ	美的集团	4137.47	4137.47	13.26
601989.SH	中国重工	1099.06	1099.06	6.74
000157.SZ	中联重科	538.05	478.98	2.31
600864.SH	哈投股份	106.32	106.32	1.07
002255.SZ	海陆重工	51.04	51.04	0.72
600768.SH	宁波富邦	14.51	14.51	0.39

注：总市值和流通市值为2023年6月30日收盘价；区间日均成交额为2023年1月1日至6月30日。

除总市值对成交额影响较大之外，还要注意流通市值大小，即使是大市值股票，如果流通市值较小，其成交额也会受到影响。例如，美的集团（000333.SZ）2023年上半年收盘市值为4137.47亿元，日均成交额只有13.26亿元；中国海油（600938.SH）市值超5000亿元，但是流通市值仅有542亿元，2023年上半年日均成交额不到9亿元。

第二，从相对长周期看成交量。由于单日成交量（成交额）容易受到偶然因素的影响，不能客观反映多空力量的真实情况，因此一般将目前成交量与过去一周、一个月甚至一个季度的成交量进行比较。一般情况下，当目前成交量与长周期成交量两种趋向一致时，表明价格走势得到成交量的支持，这种走势可望得到延续；当目前成交量与长周期成交量两种趋向发生背离时，说明成交量不支持价格走势，股价的运行方向可能发生转变。

第三，关注天量和地量两个极端。A股市场一直有一个说法："天量天价，地量地价。"天量是股价暴涨之后，抱团资金松动，在高位形成创纪录的成交量，而后股民争先恐后卖出，股价下跌。地量就是一只股票已经长期无人问津，交易量极小，股价难以再继续下跌。除非特殊事件击破底部，否则就会横盘直到利好的出现。

以天量天价为例，A股市场有"个股百亿交易量是一个坎"的现象。也就是说，在目前A股市场每天成交量只有万亿元左右的情况下，如果单只股票成交量突破百亿元，那么该股日成交额就占A股成交量的1%，说明该股达到了十分疯狂的状态，股价如果继续上涨，则需要更多的资金去抱团，股价自然很难在高位挺住。

例如，2023年3月27日三六零（601360.SH）成交量首次突破百亿元，达到114.64亿元，虽然其后在3月30日、4月11日成交额也突破了百亿元，分别达到了119.67亿元、121.55亿元，但是好景不长，在4月4日股价创反弹新高20.85元/股之后，行情就戛然而止，截至7月31日股价下跌38.13%。再如，2020年7月10日中国软件（600536.SH）出现历史天量112亿元，同时股价也创历史新高129.67元/股，此后下跌近两年，至2022年4月27日，股价创下调整新低29.7元/股，跌幅高达73.23%。

（3）量价背离。

根据成交量的放量、平量和缩量三种形式和价格的价涨、价平和价跌三种走势，形成量增价涨（放量上涨）、量增价平（放量滞涨）、量增价跌（放量下跌）、量缩价涨（缩量上涨）、量缩价平、量缩价跌（缩量下跌）、量平价涨、量平价平、量平价跌九种不同组合的量价关系。其中，量增价涨、量缩价跌、量平价平被称为量价配合，即股价与成交量保持同步。量增价涨是最理想的量价关系，表明随着股价的上升，上升动力也在不断增强，预示着股价仍将继续走高。其他六种组合为量价背离，即价格与成交量出现分歧。下面对散户容易忽视的放量滞涨、放量下跌、缩量上涨三种常见情形进行提醒。

第一，量增价平，即放量滞涨。高位区域出现放量滞涨，说明股价的上涨动力正在逐步衰退。成交量的放大只是卖方即庄家控盘出货导致的，并不是买方主导市场产生的成交量，因而要及时撤退。

第二，量增价跌，即放量下跌。主要出现在高位区，预示着获利筹码大量出逃，应减仓或者出局。少部分出现在低位区，说明经过一轮下跌，空方实力仍然强大，但多方已经开始反击，这是股价见底的信号之一，可以适当关注。

第三，量缩价涨。一般出现在持续上升行情的初期，表明主力控盘程度比较高，维持股价上升的实力较强，或者出现重大利好，筹码被捂盘惜售，因此可以买入为主。但是，在下降行情中期的反弹过程中也会出现缩量上涨，此时的无量上攻很可能只是一次短暂的反弹。

（4）成交量的空间含义。

成交量要考虑股价所处的位置。同样是放量，低位放量和高位放量传递的是截然不同的信号。如果个股近期涨幅较大，当出现高位放量上涨大阳线时，是卖出信号。而如果是在低位放量，则说明主力开始介入，可以适当关注。2021年底，互联网医疗、医疗信息化、海南自由贸易港概念受到追捧，国新健康（000503.SZ）11月25日以6.86元/股开盘，收盘站稳120日线，随后持续放量大涨，至2022年1月6日，30个交易日累计上涨214.64%。其中，2022年1月6日放天量大涨9.64%，出现近期天价（最高价）21.56元/股，至此股价见顶。之后，股价持续下跌，至2022年4月26日收盘价为7.21元/股，72个交易日累计下跌66.45%，股价几乎回到起涨点（见图6-8）。

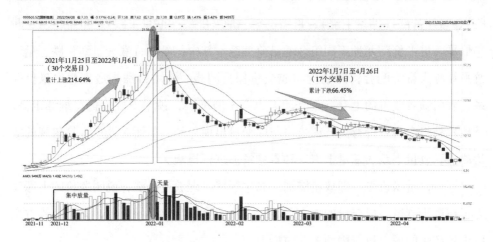

图 6-8　2021 年 11 月 23 日至 2022 年 4 月 28 日国新健康（000503.SZ）日 K 线走势

6.4　领悟经典走势图

历史总是惊人的相似！散户用"笨"方法弄懂悟透股市经典走势图，将经典内化于心，是其快速进步的阶梯。下面依次对典型的顶部形态、底部形态、中继形态进行解读。

6.4.1　顶部形态图解

顶部形态是散户必须牢记和领会的重要形态之一。典型的顶部形态包括尖顶、双重顶、多重顶、头肩顶、圆顶等。

（1）尖顶。

尖顶，外形像大写的字母"A"，股价表现为短期内由大涨到大跌。尖顶的形成过程表现为：首先，由多方牢牢掌控全局并开始逼空拉升股价，空方节节败退；其次，随着股价的大幅走高，持股者开始套现卖出股票，而持币者也不愿意再以极高的价格买入股票。这时，空方趁机而入快速向下打压股价，很多股民还没有从股价上涨的喜悦中缓过神来，股价已经开始下跌，并快速回落至起涨位置。无论是赚钱没走的、"山顶"被套的，还是回调抄底资金的，都被套死。这就是我们常说的"A 杀"。

以贵州茅台（600519. SH）为例（见图 6-9），2016 年 2 月 18 日贵州茅台股价仅为 178 元/股，而 2021 年 2 月 10 日股价高达 2479 元/股，5 年上涨接近 13 倍，是 A 股最为典型的慢牛股。其中，股价在见顶前的 2021 年 2 月 2 日至 10 日加速上涨，七个交易日累计上涨 23.31%，市值增加 4000 多亿元。

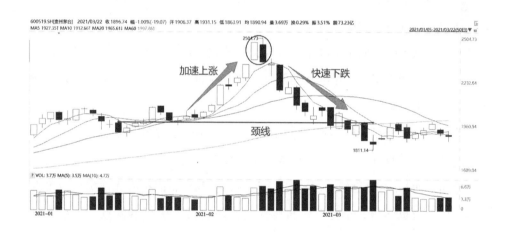

图 6-9　2021 年 1 月 5 日至 3 月 22 日贵州茅台（600519. SH）日 K 线走势

2021 年 2 月 18 日股价虽然创出历史新高 2504.73 元/股，总市值最高达 3.3 万亿元，但是当日开盘后略冲高就逐步下跌，分时图上也看不出有反抗动作，收盘跌 5%，与前一个交易日高开高走的强势走势形成鲜明对比，形成见顶 K 线组合"倾盆大雨"。

之后快速下跌，至 3 月 9 日 14 个交易日股价累计下跌 25.53%，形成明显的尖顶走势。从 K 线上看，14 个交易日内出现了 9 根阴线，阴线是阳线的近两倍，而且短期内出现有 5 根放量下跌跌幅超过 4.6% 的大阴线，高位连续出现大跌的阴线说明空方极为强大。从均线上看，14 个交易日股价连续跌破短期、中期均线，直至 120 日线才止跌，短期中期均线在高位形成死亡交叉形态。此外，KDJ、MACD 等指标也发出了明显的卖出信号。例如，2021 年 2 月 28 日 KDJ 出现高位死叉，次日 MACD 出现高位死叉。

股价快速下跌之后有横盘和反弹动作，但是仍然大势已去，至 8 月 20 日，收盘价仅为 1489.35 元/股，自 2 月 10 日开始计算，6 个月累计下跌了 58.67%，让持股者损失惨重。

（2）双重顶。

双重顶，形似字母 M，又称 M 顶，由两个大致等高的头部组成，出现在多头行情的末段或整理阶段。双重顶的形成过程包括以下两个关键节点：

第一个顶：股价处于上涨末端，成交量放大，量价配合，一切正常，但是由于股价长期上涨累积了大量的获利筹码，此时开始有获利资金了结出局，股价形成冲高回落走势。

第二个顶：当股价回落到支撑位置时，错过前期上涨的持币者、前期获利资金都逢低买入，股价止跌反弹，但成交量并没有跟进配合，较第一波高峰时的量稍有萎缩，而当股价反弹至前高位置附近时，获利资金因担心无法突破再度获利而出局，主力也沽售，于是股价再度回落，跌破第一次回落低点，双重顶形态形成。

以 2007 年上证指数历史大顶为例（见图 6-10），上证指数在见顶之前放量加速上涨，于 2007 年 10 月 16 日达到 6124.04 点的高点，在 2007 年 9 月 27 日至 10 月 16 日短短 9 个交易日上涨 14.12%。如果从 2005 年 6 月 6 日创下 998.23 点的历史大底计算，则仅仅历时 2 年 4 个月（575 个交易日）就暴涨 501.01%，实为历史罕见。

上证指数见顶之后缩量、快速下跌，10 月 17 日至 25 日的 7 个交易日跌幅高达 8.69%，尤其是在间隔时间较短的 10 月 18 日和 25 日分别下跌了 3.5% 和 4.8%，这是较少出现的情况，高位大阴线是一个非常明显的警示信号。

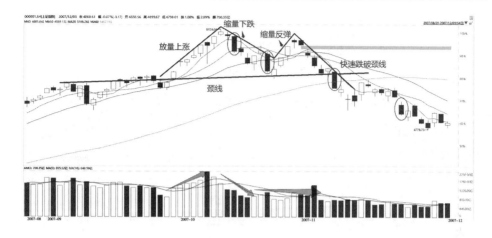

图 6-10　2007 年 8 月 29 日至 12 月 3 日上证指数日 K 线走势

在 10 月 26 日止跌，并开始 4 天的缩量反弹，于 10 月 31 日形成第二个顶部，股价并没有创新高。之后快速下跌，并在 11 月 8 日以大阴线强势跌破颈线和本轮牛市为支撑的 60 日线，短期均线形成了明显的空头排列，完成 M 顶形态。

M 顶形成之后，上证指数继续下跌，直至 11 月 28 日触及 120 日线才止跌，自 11 月 1 日至 28 日 20 个交易日累计下跌 19.34%。从更长时间来看，到 2008 年 10 月 28 日最低点仅为 1664 点，短短一年的时间跌幅高达 73%。

（3）多重顶。

多重顶是由一系列在顶部区域排列的、有着多个高点的 K 线组成。股价进入顶部区域，出现一波快速上涨后经历了短暂回调，再度反弹后再度回落，周而反复在顶部形成了多个明显的高峰，这些高峰最高点大致处于同一价位上，把回落的多个低点连成一条直线就是颈线，股价向下跌破颈线标志着多重顶的成立。

以浪潮信息（000977.SZ）为例（见图 6-11），2020 年 2 月，浪潮信息的股价在新冠疫情期间云办公利好刺激下出现了一波上攻走势。2 月 14 日，该股股价进入顶部区域。从顶部区域走势来看，该股分别于 2 月 14 日、5 月 8 日、7 月 13 日三次触顶，在 4 月 13 日、7 月 1 日和 8 月底多次触底。最终在 9 月 3 日以向下跳空方式跌破了颈线位，三重顶形态正式形成。此时或次日为卖点。

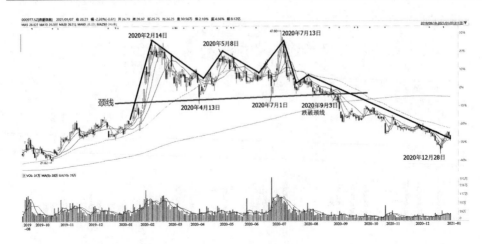

图 6-11　2019 年 9 月 18 日至 2021 年 1 月 7 日浪潮信息（000977.SZ）日 K 线走势

跌破颈线之后，股价继续弱势，仅仅在 9 月 4 日有反弹动作，这是该股又一次卖出机会。之后，形成连续 4 根中阴线，9 月 4 日至 10 日的 5 个交易日内累计下跌 14.32%，并跌破 120 日线。如果投资者还有剩余股票的话，就应该马上将仓位清空。否则，至 3 个月后的 12 月 28 日，股价将只有 24.13 元/股，仅为三重顶最后一个顶部价位 7 月 13 日 45.66 元/股的一半多一点。

（4）头肩顶。

头肩顶由一系列在顶部区域排列的、有着三个高点的 K 线组成，其中，中间的高点要明显高于其他两个。股价进入顶部区域，出现一波快速上涨后经历了短暂回落，再度反弹创下新高后再度回落，而后经历第三度上升后又被向下打压，从而形成三个明显的顶部，且第一个高峰与第三个高峰的最高点大致处于同一价位上。这样中间的高峰就形成头肩顶形态的"头部"，其他两个顶部分别为"左肩""右肩"。通过顶部回落的两个低点画一条直线，就是头肩顶的颈线，股价向下跌破颈线标志着头肩顶的成立。

以胜华新材（603026.SH）为例（见图 6-12），2021 年 8 月至 10 月，胜华新材的股价日 K 线走势图上出现了头肩顶形态，之后跌幅巨大，让没有及时卖出的股民损失惨重。具体来看，2021 年 7 月 8 日至 8 月 19 日，胜华新材在高位经过剧烈的震荡整理后，8月20日放量涨停重新开启了上涨行情。8月27日，该股股价到达相对高点后回落，从而形成了头肩顶形态的"左肩"。

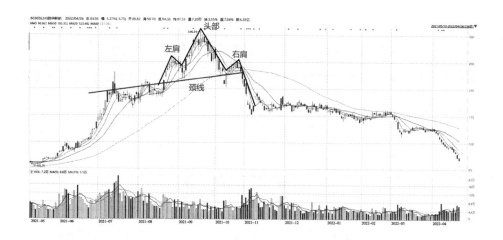

图 6-12　2021 年 5 月 10 日至 2022 年 4 月 26 日胜华新材（603026.SH）日 K 线走势

经过五个交易日的短暂回调后，该股再次上冲并于9月17日创出346.35元/股的历史新高，之后在9月22日至10月15日的13个交易日内股价快速回落27.89%，形成头肩顶形态的"头部"。

股价见顶之后，该股出现弱反弹，形成头肩顶形态的"右肩"。

10月26日股价再次快速下跌，至11月5日9个交易日累计下跌36.72%。其中，10月29日股价跌破颈线，头肩顶形态构筑完成，第一个明确的卖点出现，投资者应该将所持的股票果断卖出。如果没有在10月29日的第一卖点卖出的话，那么到6个月后的2022年4月26日（120个交易日）将继续亏损68.04%。

（5）圆顶。

圆顶是股价经过一段时间的上涨后，虽然升势仍然维持，但是上升势头已经明显放慢，直至停滞状态，每一个高点涨不了多少就回落，后来在不知不觉中股价又呈现缓慢下滑态势，这样把短期高点连接起来就形成了一个明显的圆形顶。在形成圆顶的过程中，成交量可以是圆顶状，但大多数情况下无明显特征。圆顶是一个明显的见顶信号，其形成的时间越长，下跌力度就越大。

以昆药集团（600422.SH）为例（见图6-13），受医药股三季度良好业绩刺激，昆药集团跟随板块上涨而快速放量上涨。2022年10月11日至11月2日，该股股价17个交易日累计上涨45.72%。之后，股价放慢上涨速度，震荡加大，并在11月21日创出近期新高之后开始缓慢下跌，出现了圆顶形态。12月5日，该股收出一根中阴线一举击穿圆顶的颈线位，短期均线空头排列，圆弧顶形态确立。这时散户应及时卖出手中股票。

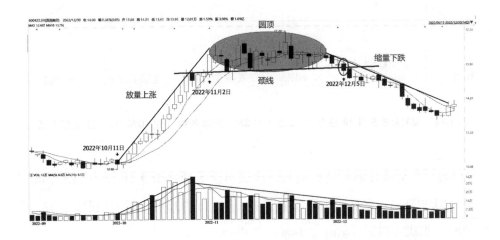

图6-13 2022年9月13日至12月30日昆药集团（600422.SH）日K线走势

6.4.2 底部形态图解

当一组K线在底部区域形成某些典型的底部形态后，往往意味着股价即将启动一波反弹走势。那么，这些K线在底部区域所形成的形态就被称为K线底部形态。

（1）V形底。

V形底是较为常见的底部形态，可以说是股市中"暴跌之后往往有暴涨"的形象体现，被称为最强反转形态。从形成机理来看，股价经过长时间的下跌，持股者早已信心全无，主力借助最后的加速下跌，形成连续阴线、大阴线、跳空缺口等恐慌情绪较为严重的走势，做最后的清洗动作；之后情绪立马反转，资金开始流入，股价止跌，在到达筹码较为集中区之前，多方牢牢把握股价控制权，途中很少出现像样的调整，更多的是一气呵成、一步到位。在图形上表现为，股价以 10 日均线为支撑，沿 5 日均线快速上涨，成交量配合较好，阳线远多于阴线。

以天齐锂业（002466.SZ）为例（见图 6-14），该公司是中国和全球领先、以锂为核心的新能源材料企业，公司股价在 2021 年 8 月 30 日创历史新高，达到 137.15 元/股，是当时名副其实的大牛股。之后，股价大幅下跌，2022 年 4 月 26 日收盘价仅为 56.91 元/股，跌幅高达 55.99%。在 4 月 19 日至 26 日，股价加速赶底，出现连续放量下跌的 6 根阴线，下跌 19.77%，其中，4 月 25 日下跌 9.92%。

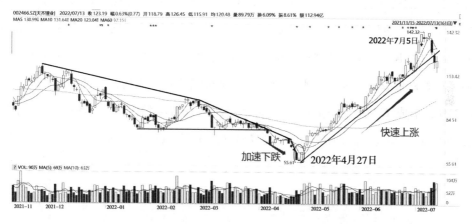

图 6-14　2022 年 2 月 28 日至 5 月 24 日天齐锂业（002466.SZ）日 K 线走势

股价见底后，4 月 27 日出现低开高走放量涨停的大阳线，与前两日 K 线图一道形成"早晨之星"见底 K 线组合图形，说明下方有强大的买盘支撑，预示着行情有可能反转。随后两个交易日继续放量大涨，三个交易日两天涨停，累计涨幅高达 28.65%，形成典型的 V 形底部走势图。之后，该股股价以 10 日线为支撑持续上涨，至 7 月 5 日 46 个交易日股价累计涨幅高达 147.72%。

（2）双重底。

双重底，因其形态像英文字母"W"，又称 W 底。双重底的形成机理：空方掌控全局，持续向下打压股价。随着股价进入底部区域，持股者不再愿意以低价卖出股票，而持币者开始抄底买入股票，股价开始放量拉升；空方很快卷土重来，股价再次出现一波快速下跌；当股价跌至先前的底部区域附近时，原先未买入股票者认为此时就是一个较佳的买入时机，于是纷纷入场买入，多方趁机发动反攻，股价迎来一波新的上升行情。通过底部反弹的高点画一条直线，就是 W 底的颈线，股价向上突破颈线标志着 W 底成立。

以 2005 年上证指数历史大底为例（见图 6-15），从 2001 年 6 月 14 日上证指数首次创下 2245.44 点的高点以后，A 股历经了长达四年的漫漫"熊途"，累计跌幅 55%。虽然 2005 年 6 月 6 日创下自 1997 年 2 月以来第一次跌破千点大关 998.23 点的历史低点，但是当日跌破 1000 点整数关口后快速拉升，收盘上涨 2.05%。与前两日 K 线图一道组成见底的"早晨十字星"图形。6 月 8 日，在各种利好刺激下，中国石化涨停，中国联通、长江电力、招商银行、中集集团、海油工程等权重股联手大幅上涨，激发了整个市场的做多热情，上证指数狂飙上涨 8.21%，形成 W 底的左边部分。但是，这次回升持续的时间并不长，在 6 月 27 日冲击 60 日均线受阻回落，10 个交易日 9 阴 1 阳下跌 10.06%。

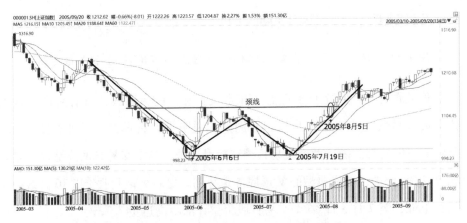

图 6-15　2005 年 3 月 10 日至 9 月 20 日上证指数日 K 线走势

2015 年 7 月 12 日，上证指数最低触及 1004.08 点，略高于前一个低谷的低点，二次探底未破低价并大涨 3.43% 收中大阳线，发出曙光初现见底信号。之后，再次开始放量强势回升，于 8 月 5 日突破 W 底的颈线，W 底构筑完成。

（3）多重底。

在上述双重底中，如果股价突破颈线失败，将再次进入底部区域，之后可能会有第三次冲击、第四次冲击等，具体多少次，在底部走势走出来之前，极少有人知晓，三重底、多重底还是潜伏底都有可能。散户的交易原则是，股价有效突破颈线是买点，否则按照震荡市的触及整理区间高点卖出，在整理区间底部买入的原则操作即可。

（4）头肩底。

头肩底由一系列在底部区域排列的、有着三个低点的 K 线组成，其中，中间的低点要明显低于其他两个。股价进入底部区域后，出现一波快速下跌后经历了短暂反弹，再度下跌创下新低后再度反弹，而后经历第三度回落后又被拉起，从而形成了三个明显的底部，且第一个低谷与第三个低谷的最低点大致处于同一价位上。这样中间的低谷就形成了头肩底形态的"头部"，其他两个底部分别为"左肩""右肩"。通过底部反弹的两个高点画一条直线，就是头肩底的颈线，股价向上突破颈线标志着头肩底的成立。

以曲江文旅（600706.SH）为例（见图 6-16），曲江文旅在 2021 年 9 月中旬进入下跌行情，9 月 29 日股价开始短暂地弱势反弹，形成头肩底的"左肩"。之后，该股又出现连续的阴跌，2021 年 11 月 3 日股价创出近期低点 6.04 元/股，为头肩底的"头部"。

触底之后，该股开启一轮反弹，略超过上次反弹高点就出现缩量的小幅回落，直到 10 个交易日后的 11 月 29 日触及 20 日线才止跌企稳，形成与"左肩"位置几乎持平的"右肩"。之后，以 20 日线为支撑，窄幅盘整后再次反弹，但成交量明显放大，股价也开始活跃。

2022 年 1 月 4 日，曲江文旅股价放量上涨，突破头肩底的颈线，头肩底形态

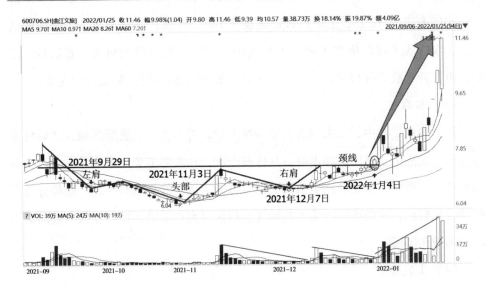

图6-16 2021年9月6日至2022年1月25日曲江文旅（600706.SH）日K线走势

构筑完成，为第一个买点。1月10日，该股开盘后快速回踩到颈线之下后又快速回升，形成带长下影线的锤头线，预示新一轮上涨即将到来，这是对头肩底形态的确认，也是较为明显的第二个买入点。截至15日，12个交易日累计上涨49.02%。

（5）圆底。

圆底也称为圆弧底，股价从快速下跌逐渐转变为缓慢下跌，在跌势趋缓并止跌之后，多空达到平衡，在底部横盘少许时日股价开始缓慢回升，并且上涨速度将不断加快，整个形态就像一个圆弧。在圆底的形成过程中，成交量通常在下跌趋缓过程中逐渐缩量，到达最低点成交量后开始逐渐放量，成交量通常也会大致形成圆形。

以寒武纪-U（688256.SH）为例（见图6-17），寒武纪-U（688256.SH）是科创板AI芯片第一股，于2020年7月20日上市，当日股价暴涨229.86%，收盘股价为212.40元/股。随后，股价处于持续下跌趋势，至2022年4月27日（431个交易日）收盘价为49.88元/股，累计跌幅高达80.05%。之后，股价触

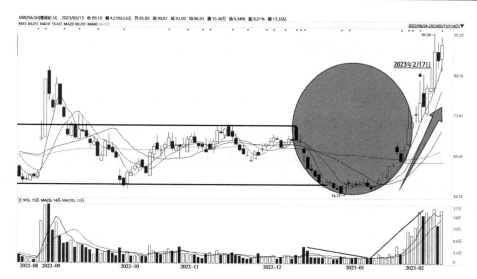

图6-17 2022年8月24日至2023年2月15日寒武纪-U（688256.SH）日K线走势

底反弹并形成盘整，12月30日跌破整理区间，看似岌岌可危的时次日中阳线形成反包，之后股价以小阳线和小阴线为主震荡走高，形成了一个类似于圆弧形的底部，到2023年2月7日时，走出一个明显的圆弧底形态，此为买入的好时机。之后，股价大幅上涨，2月7日至4月20日52个交易日累计上涨265.4%。

6.4.3 中继形态图解

中继形态是指股价经历过一段时间的上涨或下跌后，在某一位置出现暂时性的平衡，之后继续原来的上涨或下跌走势。通常有三角形、旗形、矩形和楔形几种中继形态。

（1）三角形态。

三角形态是常见的一种中继走势形态，主要是原来的趋势走得过快，需要调整一段时间。一旦调整结束，股价继续按原有的方向运动。

第一，上升三角形。

上升三角形是股价在上涨遇到阻力时反复震荡出现的三角形形态。股价在震荡整理过程中，每次回调的低点不断上移，而每次反弹的高点基本落于同一水平位置。如此往复，股价波动逐渐变小。一旦股价向上突破，未来可能有比较大的涨幅。

以冠福股份（002102.SZ）为例（见图6-18），2011年1月24日，在冠福股份股价创4个月以来的新低1.46元/股之后，多方积聚力量，沿10日线开启了一波小反弹，每次回调的低点越来越高，形成了上升三角形的底边。随后，自3月8日开始了长达23个交易日的整理，1.75～1.8元/股形成了上升三角形的顶边。

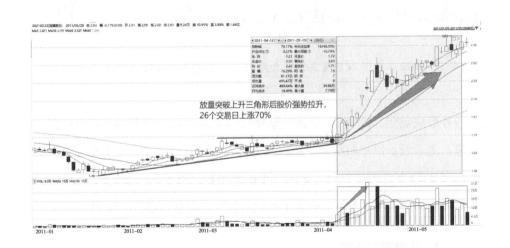

图6-18 2011年1月5日至5月20日冠福股份（002102.SZ）日K线走势

随着时间的推移，股价波动的空间越来越小，在4月12日放量上涨4.78%突破整理区间高点，开启了一波强势上涨，至5月19日26个交易日上涨70.17%。其中，4月12日至21日共8个交易日累计上涨46.56%，让持股者享受了畅快淋漓的上涨快感。

第二，下降三角形。

下降三角形由一系列顶部逐渐下移、底部不变的K线组合而成。在下降三角形形态形成之前，股价已经有了一段比较大的跌幅。在随后的震荡整理过程中，每次反弹的高点不断下移，每次回落的低点基本落在同一水平位置。若将高点和低点分别用直线连接，就会形成一个逐渐向下倾斜的三角形。投资者应当在股价向下跌破低点连线时果断卖出。

以丽人丽妆（605136.SH）为例（见图6-19），2021年6月1日，该公司股价出现阶段性高点40.47元/股（收盘价39.22元/股），见顶后快速下跌至7月28日的收盘价22.39元/股，41个交易日下跌37.13%。随后，在2021年7月底至2022年1月底6个月时间内，股价的低点基本保持在23元/股水平位置，而反弹的高点在不断降低，形成了明显的下降三角形中继形态。

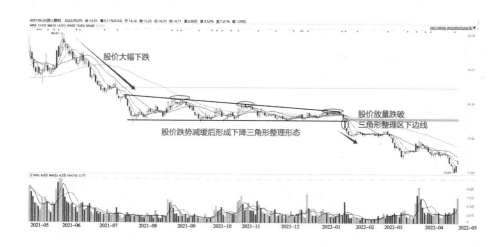

图6-19　2021年5月10日至2022年5月9日丽人丽妆（605136.SH）日K线走势

2022年1月21日，该股跳空低开低走，收盘大跌8.83%，突破下降三角形中继形态的下边线，此时投资者应及时卖出。之后，出现短暂的横盘，但随后又是两轮下跌，从1月21日跌破三角形整理形态下边线到4月28日共63个交易日，股价下跌46.17%，持股者损失惨重。

（2）旗形形态。

在急速上涨或下跌的行情中，形成旗杆，之后走势趋缓，在通道内震荡，整理完毕后按原来的趋势继续运行。旗形形态分为上升旗形与下降旗形两种。

第一，上升旗形。

股票价格急速下跌形成向下的旗杆，随后股价逐步企稳，在微微倾斜上涨的上升通道内上下震荡整理，当股票价格跌破旗子下边时将会继续大幅下挫。

以捷昌驱动（603583.SH）为例（见图6-20），2021年1月22日，捷昌驱动股价创历史新高达到70.39元/股后快速下跌，至5月10日（68个交易日）累计下跌36.67%，形成上升旗形的旗杆。之后，股价盘整84个交易日，其间股价一波比一波高，似是即将上涨，却很快下跌，来回反复，走出旗形整理形态。2021年9月3日大跌6.91%突破下边线，之后虽有大反弹，在2021年11月16日最高价涨至58.88元/股，再次触及旗型整理的上边线，但终究是无功而返，迎接的是一波更大的下跌，股价直至2022年4月25日阶段性见底，最低价仅为21.95元/股，跌幅高达60.5%。

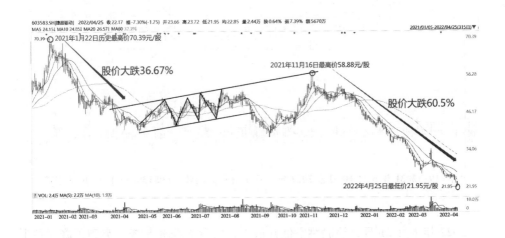

图6-20　2021年1月5日至2022年4月25日捷昌驱动（603583.SH）日K线走势

第二，下降旗形。

下降旗形是指股价经过一段时间较快的上涨之后出现横向整理，形成一个略向下倾斜的平行四边形波动区域。一旦股价向上突破旗形上边线（偶尔会回踩上边线），会继续上涨。

以中国科传（601858.SH）为例（见图6-21），中国科传在2022年11月22日至30日走出一波7连板的暴涨行情，累计上涨94.84%，形成旗杆。股价见顶后出现两波较大回调，成交量逐渐缩小。12月30日，股价止跌企稳，走出7天6根阳线的回升态势。至此，用时一个月形成了明显的下降旗形整理形态。2023年1月11日，股价大涨6.74%，突破旗形整理的上边线。之后，虽短暂回踩了上边线，但紧跟着是一波大涨行情。

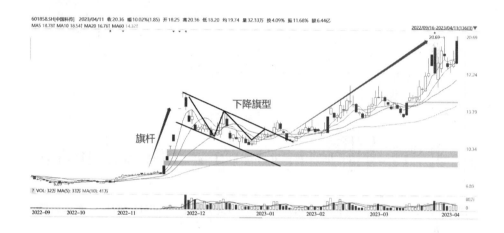

图6-21 2022年9月16日至2023年4月11日中国科传（601858.SH）日K线走势

（3）矩形形态。

矩形整理可以看成旗形整理的特殊形式，即旗形的横向发展，既不向上也不向下倾斜，便形成矩形整理。在矩形整理形态中，当股价上升到阻力位时，股价就掉头向下，而当跌到支撑位时，股价又很快被拉回到高点处，这样股价就在区间内反复震荡。这种整理形态既有可能出现在上升途中，也有可能出现在下跌途中。

以北方稀土（600111.SH）为例（见图6-22），北方稀土经过一段时间的上涨之后，为了清洗获利筹码，减少后续上涨阻力，从2021年2月18日到7月5日累计93个交易日期间内构筑了一个上下空间20%的整理区间：当股价触及

22.1 元/股左右时，就回落至整理区间内；当股价跌至 18.3 元/股左右时，就反弹。2021 年 7 月 5 日，股价放量涨停，突破了长达 4 个多月之久的横盘整理区间，在之后的 23 个交易日内暴涨 135.98%，而同期 Wind 材料二级行业指数仅上涨 17.73%，上证指数下跌 1.18%。

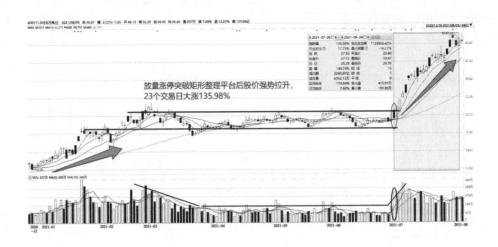

图 6-22　2020 年 12 月 28 日至 2021 年 8 月 5 日北方稀土（600111.SH）日 K 线走势

（4）楔形形态。

楔形整理是指股价开始时波动较大，随着时间的延续，价格波动逐渐缩小，呈现一种逐步压缩的收敛状，在整理时运行于两条收敛的直线区域中的形态。楔形形态同三角形整理形态、旗形整理形态类似，连接楔形整理高低点形成的两条边界线是同时上倾或同时下斜的，而三角形整理的两条边界线方向相反或有一条是水平方向的，旗形的两条边界线的倾斜方向相同且平行。

7　财报"无雷"底气足

随着注册制的加速推进，散户"触雷"的概率大大提高。为了降低"踩雷"风险，立足于散户大都是非财务专业背景，我们以散户了解上市公司的最主要、最权威通道——财务报表为研究对象，从正确看待财报分析的功效入手，形成对财报分析的客观评价；总结"财报地雷"的典型特征，加深对"财报地雷"的理解。任何"地雷"都有蛛丝马迹，必须掌握识别"财报地雷"的四大技巧，才能以性价比高的投入产出做到大概率"防雷""避雷"的效果，增加持股底气和信心。

7.1　正确看待财报分析

财报是公开信息最丰富的窗口，是散户了解上市公司的最主要通道。散户用好财报，首先是要对财报有一个正确的认识：重视但不迷信财报。财报分析的首要目标是避免"踩雷"，最高境界是挖掘到"金股""牛股"，但读懂上市公司财报并不意味着就可以从股市中赚钱。

7.1.1 财报分析首要目标是避雷

财报分析首要的、最重要的目标是排除"地雷"。彼得·林奇说过："当你读不懂某一公司的财务情况时，不要投资。"芒格甚是喜欢的"我只想知道我将来会死在什么地方，这样我就可以永远不去那个地方"。这句妙语更是道出了回避"地雷"的重要性。散户在做买卖决策之前，无论对财报是"真懂"还是"假懂"，一般都会自觉不自觉地去阅读一下财务报表，尤其是去看看公司的利润大小、市盈率高低。在此，对散户在运用基本面分析或者财务报表分析"排雷"时，保持清醒认识是很有必要的。

（1）存疑即排除。

如果对某股票的财报有疑惑，也没必要纠结于公司是否存在财务造假，正确的做法是：直接回避。因为A股有5000多家上市公司，每家公司发布的年报基本都在10万字以上，即使一年365天、一天24小时都在读，也读不完。因此，完全不必去深究那些可能有问题的公司股票，正如在生活中遇到烂人烂事的时候，躲避、不较劲是保全自己、减少伤害最明智的选择一样。进一步地，对那些业务比较复杂、模糊不清、看不懂的公司，也就是一眼看不出好坏的公司，散户也可以敬而远之，如存在复杂而大量的关联交易、让人眼花缭乱的资本运作。

（2）避免以偏概全。

财报按披露时间可划分为季报、半年报和年报，但信息最丰富的当数年报。根据中国证监会于2021年6月28日发布的《公开发行证券的公司信息披露内容与格式准则第2号——年度报告的内容与格式（2021年修订）》，年度报告提供了十分丰富的信息：既有资产负债表、利润表和现金流量表等财务报表，也有公司治理、环境和社会责任、管理层讨论与分析等非财务信息；既有主营业务、核心竞争力等公司层面的分析，也有公司所处行业的分析。但是散户很少去研究上市公司的年度报告，他们把财务报表等同于财务报告，忽视公司治理、环境和社会责任、管理层讨论与分析等内容，而这些信息对理解公司业务、经营模式、发展潜力、财务质量等更为重要。此外，散户对财报分析往往有一个通病：只局限于财务报表分析，就数据分析数据，较少去阅读财务报表附注，更没有去思考财务报表的内在逻辑，对财务报表自身的缺陷也知之甚少，容易得出似是而非的结论。也有一些散户仅仅根据公司的净利润高、现金流量大、净资产收益率高、资产负债率低、市盈率低等几个看似优异的财务指标来做出买卖决策，而这是正是散户亏损的重要源头之一。

（3）通过财报分析避雷并非万能。

当买入基本面较好的股票时，无论股价是上涨还是下跌，从心底都会多一份持股信心，不会被短期的波动所干扰。由于基本面存在信息滞后、容易造假等固有缺陷，在采用基本面分析方法时，遇到那些近期报表业绩较好的公司出现"意外"时，即使股价已经开始掉头下跌，散户也容易继续坚信原有观点，对出现的股价下跌置之不理，这种麻痹自己的情景是基本面炒股最容易出现的。

另外，在股市中一定要保持一份清醒，因为即使一个人有深厚的财报分析功底，也只能防住大部分的"地雷"，不能确保百分之一百没有"地雷"，有些"地雷"更是财报分析无能为力的。比如，长生生物（002680.SZ）因狂犬疫苗造假，公司股票于2019年11月27日终止上市并摘牌，而此前曾获多项荣誉。

7.1.2 读懂财报并不一定能赚钱

很多散户通常会问："读懂财报就能炒股赚钱吗？"答案当然是否定的。这可以从三个方面来理解。

（1）分析财报水平不等于炒股水平。

读懂财报仅仅只是炒股成功的必要条件，但不是充分条件。也就是说，分析财报水平跟赚钱能力并不能画上等号。因为读懂财报实际上只是一项最基础的能力，会看财务报表的人太多了，但其中能赚到钱的人太少了，我们必须要有大多数人没有的、对企业的分析判断能力。这种能力来自一个人的商业经验和对企业经营的认知多少，或者说来自商业智慧。否则那些大学的会计教授、企业的财务专家、政府财政部门的领导等专业人士就可以在股市上大显身手、傲视群雄了。事实上，那些所谓的财务专业人士，即使理论知识储备丰富，也很容易落入就"财报"去分析"财报"的陷阱，也不能把财报分析与炒股联系起来，他们和大多数散户一样容易遭遇炒股失败，这也是正常的事情。一些大学的会计教授，他们的理论知识是不容怀疑的，也有一些企业的财务领导，他们对公司业绩的理解很有深度，但是他们的炒股业绩并不算太好，他们往往热衷于计算、估值，很大程度上陷入到复杂的财报分析当中，没有把业绩与股价结合起来，很少进行有效的思考，抑或是思考得太过局限。

（2）业绩与股价走势不同步。

股市中有一个著名的"遛狗理论"：股市中价值和价格的关系就像是遛狗时人和狗的关系。价格有时高于价值，有时低于价值，但迟早会回归价值，就像遛狗时狗有时跑在人前，有时跑在人后，但一般不会离人太远。遛狗时人通常缓步向前，而狗忽左忽右、东走西蹿，正如股价的波动常常远大于基本面的波动一样。业绩与股价是存在紧密关联的，但业绩与股价走势并不是一一对应的关系，并不是说"业绩增长，股价就必然上涨；业绩下降，股价就一定下跌"。影响股价走势的因素错综复杂，即使对财报了如指掌，分析得条条是道，股票走势也未必与之一致（见表7-1）。因此，炒股千万不能有"股价肯定会那样走"的想法，上市公司好的业绩只能在一定程度上提高股票投资盈利的可能性，而无法保证盈利。德国投资大师安德烈·科斯托拉尼提出的"遛狗理论"对股市和经济的关系作出了十分形象的比喻。

表7-1 上市公司业绩与大盘指数走势不一致情况

年份	业绩走势	市场走势
2005	2004年第三季度业绩增速开始下行，2005年第三季度业绩增速转负，2006年第一季度业绩至最低点，2006年第二季度回升	2005年不断寻底，2005年7月为市场最低点，2006年第一季度以后开始大涨

续表

年份	业绩走势	市场走势
2008	2007 年第二季度业绩增速开始下行，2008 年第一季度业绩负增长，2009 年第一季度业绩至最低点，2009 年第二季度回升	2008~2009 年深"V"反转，2008 年 11 月至市场最低点
2012	2010 年第二季度业绩增速开始下行，2012 年第一季度业绩增长，2012 年第三季度业绩至最低点，2012 年第四季度回升	2012 年 12 月见底，2013 年二次探底，2013 年 6 月至市场最低点
2018	2017 年第二季度业绩增速开始下行，2018 年第一季度业绩增长，2018 年第四季度业绩至最低点，2019 年第一季度回升	2018 年第四季度筑底，2018 年 10 月和 2019 年 1 月至市场最低点

资料来源：吴开达，林晨. 待春来启示录：A 股底部动静框架［R］. 德邦证券，2022.

（3）财务报表本身是不完美的存在。

现有的财务报表体系本身是有缺陷的，例如，以历史成本为基础，反映过去的经营成果，而对预测未来的经营成果和财务状况无能为力；将人力资源、品牌、地理优势等无形资产排除在外，而这些往往是现代企业核心竞争力和价值创造的源泉；财务数据容易操纵，管理层通过削减研发支出、职工培训支出、市场营销费用等方式"美化"当期财务数据的短视行为，很容易导致报表数据失真。我们只有了解了财务报表本身的缺陷，才能对财务报表的分析有的放矢且更有针对性和有效性。在此，引用沃尔特·迪默、苏珊·克拉金在《股市奇才：华尔街50 年市场智慧》中的一段话来加深对"财报本身是不完美的存在"的理解①：

基本面研究可能很棘手，信息可能不准确。

上市公司的盈利完全可以达到管理层的要求。管理层经常会走到会计核算部门，说："我们希望这个季度的每股收益是 0.37 美元。就按每股收益0.37 美元做吧。"然后，会计核算部门就这么做了。他们完全可以做到这一点。于是，你会在季报中看到各式各样的一次性摊销的费用。这些费用的确

---

① 沃尔特·迪默，苏珊·克拉金. 股市奇才：华尔街 50 年市场智慧［M］. 闫广文，译. 北京：机械工业出版社，2020：21.

是在正常经营过程中发生的，但是，它们往往被冲销，以调整每股收益。甚至，华尔街的分析师在做基本面分析的时候，也常常被骗。

7.2 了解"地雷"三特性

A 股"财报地雷"五花八门、无奇不有，散户一朝碰"地雷"，往往后市难翻身。

7.2.1 "踩雷"风险"大"

上市公司爆雷并非只是财务造假，但散户"踩雷"的风险往往较大，很多散户大多遭遇过"眼见他起高楼，眼见他楼塌了，更惨的是自己还被埋在了下面"的场景。利益驱使上市公司大股东或管理层铤而走险，从 20 世纪 90 年代至今屡见不鲜，如琼民源、蓝田股份、东方锅炉、东方电子、银广夏、蓝田股份、新疆屯河等，上市公司频频出现造假风险、业绩变脸风险、资金链断裂乃至退市风险。一些个案在下文有所阐述，本部分主要分析 ST 股这个相对风险较大的"雷"。

自 2016 年以来，监管层加强对并购重组的监管，上市公司"壳"价值随之下降，绝大多数 ST 类股票股价持续走低，相当数量跌势惨烈。在 2016 年至 2018 年 6 月一年半的时间内，全部 82 只 ST 类股票中有 68 只股腰斩，占比超过八成。其中，*ST 华信、*ST 巴士、ST 中安、*ST 保千跌幅分别超过九成（见表 7-2）。

表 7-2　2016 年至 2018 年 6 月部分 ST 类股票股价表现

证券代码	证券简称	涨跌幅（%）	证券代码	证券简称	涨跌幅（%）
002018. SZ	*ST 华信	-93.9	600807. SH	*ST 天业	-84.63

续表

证券代码	证券简称	涨跌幅（%）	证券代码	证券简称	涨跌幅（%）
002188. SZ	＊ST 巴士	−92. 22	600680. SH	＊ST 上普	−84. 52
600654. SH	ST 中安	−91. 61	600193. SH	＊ST 创兴	−83. 39
600074. SH	＊ST 保千	−91. 44	002473. SZ	＊ST 圣莱	−82. 64
600289. SH	＊ST 信通	−88. 09	900930. SH	＊ST 沪普 B	−82. 49
600289. SH	＊ST 富控	−87. 01	000693. SZ	＊ST 华泽	−82. 23
600556. SH	ST 慧球	−86. 44	600696. SH	ST 岩石	−82. 09
002260. SZ	＊ST 德奥	−86. 44	002070. SZ	＊ST 众合	−82. 05
002604. SZ	＊ST 龙力	−85. 88	000816. SZ	＊ST 慧业	−81. 38

资料来源：Wind。

很多 ST 类股票在退市之前会出现连续跌停的恐怖走势，对股民形成全面"绞杀"。以 ST 华泽（000693.SZ）为例（见图 7-1），ST 华泽全称为"华泽钴镍"，该公司主要从事低镍镍铁、硫酸镍及副产品的生产、销售以及相关有色产品的经营贸易，其股价于 2019 年 3 月 21 日至 6 月 24 日的 46 个交易日内连续跌停，创造了 A 股最长连续跌停纪录。股价由 3 月 21 日 11.88 元/股的盘中最高价，跌至 6 月 24 日 0.41 元/股的收盘价，区间跌幅达 96.55%。当然，这还不是最惨的，退市之后，股票能不能去三板交易、能不能恢复上市遥遥无期！股东需要等上 10 年、20 年甚至更久！因此，股民要远离退市警告股，远离退市股！

7.2.2 "地雷"花样"多"

股市"地雷"千奇百怪，无奇不有。财务"地雷"以财报非标、立案调查、业绩"变脸"、媒体负面报道等最为典型。

（1）财报非标。

财报的审计意见类型分为无保留意见、带有解释性说明的无保留意见（带强调事项段的无保留意见）、保留意见、无法表示意见和否定意见五种类型。除无保留意见之外的其他 4 种审计意见都是非标准审计意见类型。随着监管持续加

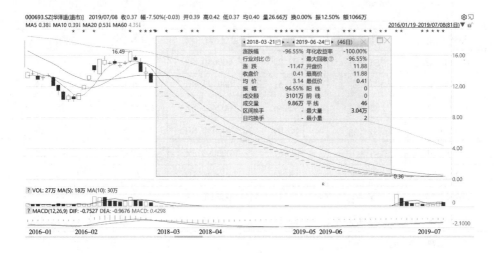

000693.SZ[华泽退(退市)] 2019/07/08 收0.37 -7.50%(-0.03) 开0.39 高0.42 低0.37 均0.40 量26.66万 换0.00% 振12.50% 额1066万　　2016/01/19-2019/07/08(81日)
MA5 0.38↓ MA10 0.39↓ MA20 0.53↓ MA60 4.35↓

2018-03-21 - 2019-06-24 (46日)			
涨跌幅	-96.55%	年化收益率	-100.00%
行业对比	-	最大回撤	-96.55%
涨 跌	-11.47	开盘价	11.88
收盘价	0.41	最高价	11.88
均 价	3.14	最低价	0.41
振 幅	96.55%	阳 线	0
成交额	3101万	阴 线	0
成交量	9.86万	平 线	46
区间换手	-	最大量	3.04万
日均换手	-	最小量	2

VOL: 27万 MA(5): 18万 MA(10): 30万

MACD(12,26,9) DIF: -0.7527 DEA: -0.9676 MACD: 0.4298

图 7-1　2016 年 1 月 19 日至 2019 年 7 月 8 日华泽退（退市）

（000693.SZ）日 K 线走势

强，非标准审计意见诸财报的数量维持高位。据中国证监会公布的统计数据，2019~2021 年分别有 272 家（占比 7.1%）、258 家（占比 6.0%）、250 家（占比 5.2%）公司被出具非标审计意见的审计报告。非标准审计意见往往意味着上市公司存在经营情况不佳、处于亏损状态、资产质量较差、被立案调查等负面问题，被出具非标审计意见的上市公司往往存在较高的退市风险，股价也承受着巨大的下行压力。据统计，财报被出具"无法表示意见"审计报告的个股大跌居多，有的累计跌幅超过 50%。

盈方微（000670.SZ）：国内高性能处理器 SOC 芯片设计公司，曾经被市场热捧为腾讯 VR 布局第一股。2016 年 5 月 3 日，盈方微因 2015 年度财务会计报告被出具"无法表示意见"的审计报告，公司股票被实施退市风险警示，简称变更为*ST 盈方，公司股价当日跌停，之后连续大跌，16 个交易日累计下跌 32.13%。

凯迪生态（000939.SZ）：主营业务包括生物质发电、环保发电、原煤销售及电建 EPC 分包，有"生物质发电第一股"之称。2018 年 6 月 29 日，凯迪生态发布公告，因 2017 年度财报被出具"无法表示意见"的审计报告，从 7 月 2 日起实行退市风险警示。随后，公司股票从 7 月 2 日起连续 23 个交易日跌停，2018 年全年 124 个交易日股价大跌 75.75%（2017 年 11 月 16 日至 2018 年 6 月 29 日因筹划重大事项，公司股票停牌）。公司于 2019 年 5 月 13 日起暂停上市。2020 年 10 月 28 日，深圳证券交易所决定：该公司股票终止上市。

（2）立案调查。

"立案调查"已成为股民时常听到和看到的字眼，被证监会立案调查，意味着存在着违法事实，散户一定要回避被立案调查的公司！根据相关规定，被立案调查公司的重大资产重组、发行股份购买资产、发行股票等很多重大事项都会受到影响。更为严重的是，一旦被认定为欺诈发行和重大信披违规，相关人员将被移送司法机关，公司甚至会被强制退市，对上市公司而言，可谓是重大利空。尤其要注意的是，近年来监管层不断向市场传递对违法违规行为"零容忍"的坚决态度，被立案调查的公司明显增多。截至 2022 年 11 月 11 日，2022 年已有 71 家公司被证监会及其派出机构立案调查，数量早已超过 2021 年全年。让我们先来看看被立案调查对公司股价短期走势的影响吧！

2022 年 4 月 15 日，劲嘉股份（002191.SZ）发布关于公司实际控制人、董事长乔鲁予被立案调查的公告。公告发布后，当日劲嘉股份股价开盘"一"字跌停，此后两个交易日连续跌停，三天市值蒸发 51 亿元。截至 4 月 28 日，劲嘉股份 10 个交易日股价累计下跌 35.3%，而 Wind 同行业二级指数仅仅下跌 12.49%（见图 7-2）。

（3）"业绩变脸"。

每到业绩披露时，总有一些公司发布前后大相径庭的业绩预告，上演业绩"变脸秀"。"业绩变脸"的上市公司不仅数量多，而且金额大（见表 7-3）。近年来，保力新、欧菲光、万达电影、跨境通、ST 澄星、中南建设、迪马股份等上市公司预告净利润为盈利，而实际披露的归属母公司股东的净利润金额则为大幅亏损，两者金额差距均高达 20 亿元以上。

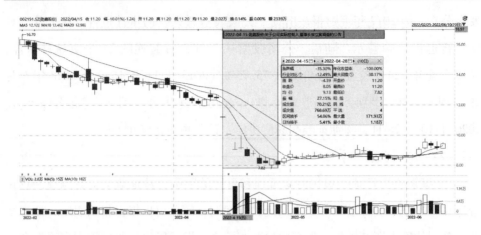

图7-2 2022年2月25日至6月10日劲嘉股份（002191.SZ）日K线走势

表7-3 2017~2021年A股上市公司年报中"业绩变脸"大于20亿元的情况

单位：亿元

年份	证券代码	证券简称	预告净利润上限	归属母公司股东的净利润	年报净利润与业绩预告之差	所属申万一级行业名称
2017	300116.SZ	保力新	6.25	−36.84	−43.09	电气设备
2018	002456.SZ	欧菲光	20.50	−5.19	−25.69	电子
2019	002739.SZ	万达电影	12.00	−47.29	−59.29	传媒
2020	002640.SZ	跨境通	1.50	−33.74	−35.24	商业贸易
	600078.SH	ST澄星	0.06	−23.01	−23.07	化工
	002456.SZ	欧菲光	9.10	−19.45	−28.55	电子
2021	000961.SZ	中南建设	21.23	−33.82	−55.05	房地产
	600565.SH	迪马股份	0.90	−20.54	−21.44	房地产

资料来源：Wind。

上市公司"业绩变脸"的原因是多种多样的，既有宏观经济下行、行业政策变化、市场增速放缓、竞争持续加剧等外部因素，也有投资项目失败、成本费用大幅提升、公司治理混乱而被大股东肆意"掏空"、实控人跑路、资产处置未确认等产生的损失等内部因素。

例如，万达电影（002739.SZ）2019年预告实现净利润为12亿元，但是实际披露的归属于母公司股东的净利润亏损47.29亿元，"业绩变脸"金额高达

59.29 亿元。公司在 2019 年年报上披露的主要原因是两个方面：一是受宏观经济下行、电影市场增速整体放缓、影院竞争持续加剧和行业政策变化等因素影响；二是公司自上市以来通过外延发展和内生增长不断扩大经营规模，提高市场竞争力，在通过战略并购丰富业务布局过程中形成了较大商誉，故出于审慎性考虑，公司计提商誉等资产减值准备 59.09 亿元。

再如，保力新（300116.SZ）2017 年实现归属于母公司所有者的净利润为 −36.84 亿元，较上年同期降低 966.82%。公司在 2017 年年报上披露了业绩亏损的原因是受国家新能源产业政策补贴调整、子公司沃特玛业务扩张增速过快、应收账款回款较慢、资金链紧张等综合因素的影响，公司对收购深圳市沃特玛电池有限公司时所形成的商誉计提了全额减值。

公司"业绩变脸"，股价必然受到冲击，但股价受影响的时间和大小差异较大（见表 7-4）。我们统计了 2021 年年报预警类型为亏损（包括首亏和续亏两种情形）的上市公司在公告"业绩变脸"之后股价的市场表现，无论是公告"业绩变脸"后首日，还是公告后 5 日、后 10 日，公司股价都出现了下跌。

表 7-4　2021 年年报"业绩变脸"后市场表现

证券代码	名称	预测日期	前后预告净利润变化幅度	"变脸"后股价（区间）涨跌幅（%）		
				首日	后 5 日	后 10 日
300251.SZ	光线传媒	2022 年 4 月 22 日	下降 240.91%~311.76%	−11.15	−5.97	−8.95
002146.SZ	荣盛发展	2022 年 4 月 19 日	下降 3100%~6100%	−10.05	−19.86	−22.15
000004.SZ	ST 国华	2022 年 4 月 28 日	下降 370.27%~700%	−9.97	−25.40	−35.85
600094.SH	大名城	2022 年 4 月 22 日	下降 338.24%~505%	−5.62	−10.96	−10.39
002862.SZ	实丰文化	2022 年 4 月 28 日	下降 120%~300%	−5.14	6.68	8.02
002021.SZ	ST 中捷	2022 年 4 月 21 日	下降 1784.43%~2750%	−4.85	−12.73	6.67
300205.SZ	天喻信息	2022 年 4 月 26 日	下降 262.65%~376.79%	−4.48	−1.84	3.78
300084.SZ	海默科技	2022 年 4 月 16 日	下降 525.00%~630%	−2.77	−12.36	−20.72
300694.SZ	蠡湖股份	2022 年 4 月 1 日	下降 456.00%~660%	−1.84	−0.78	5.82
300366.SZ	创意信息	2022 年 4 月 20 日	下降 140.00%~176.67%	−1.44	−19.56	−15.44

证券代码	名称	预测日期	前后预告净利润变化幅度	"变脸"后股价（区间）涨跌幅（%）		
				首日	后5日	后10日
603161.SH	科华控股	2022年4月23日	下降972.03%~2061.89%	−0.81	−14.27	−10.91
000732.SZ	ST泰禾	2022年4月23日	下降2754.13%~4634.7%	−0.80	−24.50	−38.15
300757.SZ	罗博特科	2022年4月23日	下降246.67%~342.5%	−0.64	−5.42	3.17
300266.SZ	兴源环境	2022年4月22日	下降333.33%~480%	0.00	−12.64	−10.96
002383.SZ	合众思壮	2022年3月31日	下降326.67%~480%	0.49	−16.93	−18.54
300032.SZ	金龙机电	2022年4月19日	下降2467.67%~4905.5%	1.05	−9.12	−14.20
002875.SZ	安奈儿	2022年3月26日	下降110%~128.57%	1.30	−2.24	−5.66
002586.SZ	ST围海	2022年4月28日	下降113.51%~124%	1.82	1.82	3.41
300533.SZ	冰川网络	2022年3月30日	下降280.86%~395.11%	1.92	0.00	36.17
002840.SZ	华统股份	2022年2月26日	下降1233.33%~2400%	2.47	16.21	13.73
000813.SZ	德展健康	2022年4月23日	下降157.14%~214.29%	3.31	−11.08	−7.00
	最大跌幅			−11.15	−25.40	−38.15
	中位数			−0.81	−10.96	−8.95
	算术平均值			−2.25	−8.62	−6.58

资料来源：Wind。

有些公司股价在"业绩变脸"公告前就作出了反应，在"业绩变脸"公告之后相当于"利空兑现"，股价反而上涨。例如，光线传媒（300251.SZ）在公告"业绩变脸"当日（2022年4月22日）下跌了11.15%，同时在2022年初至公告日之前的一个交易日累计71个交易日已经下跌了40%。在公告"业绩变脸"日之后的第三个交易日，公司企稳反弹，2022年4月27日至6月30日43个交易日上涨了49.17%。

（4）媒体负面报道。

媒体的负面报道往往给上市公司股价短期走势带来不利影响。

2017年5月26日（周五）午间，有媒体质疑海新能科（原名为三聚环保300072.SZ）部分重大合同背后的客户实力、部分合同执行进度与披露的信息不符，一些客户的高管名字屡屡与公司相关人员名字重合。午后重挫，收盘跌停。

即使公司在 5 月 30 日发布了澄清公告,在下一个交易日即 5 月 31 日(周三,29 日和 30 日端午节休市)也照样大幅下跌。两个交易日累计下跌 13.85%(见图 7-3)。

图 7-3 海新能科(原三聚环保 300072. SZ)走势

2019 年 5 月 12 日(周日),某网站一篇名为《亨通光电 33 亿预付款与集团 69 亿其他应收款之谜》的文章质疑该公司实控人崔根良存在挪用上市公司定增款项、相关资金流向不明等问题。5 月 13 日,光纤巨头亨通光电(600487. SH)早盘就"一"字跌停,市值蒸发约 30 亿元。盘后,公司在紧急发布澄清公告称相关报道不实后,又召开了机构投资者电话交流会,就投资者的一些疑问进行解答。5 月 14 日,亨通光电跳空低开,最低跌 8%左右,收盘仍跌 3.33%。两个交易日累计跌幅为 12.98%(见图 7-4)。

2022 年 11 月 24 日晚间,《国联股份的惊天谎言?客商复杂交织背后"隐现"融资性贸易网》从多个角度质疑国联股份(603613. SH)涉嫌财务造假(利用融资性贸易助推业绩)。11 月 25 日,公司就收到上海证券交易所下发的《关于北京国联视讯信息技术股份有限公司有关媒体报道事项的问询函》,要求进行相关核实及披露。当日股价放巨量跌停,跌停板上封单超 1 万手。

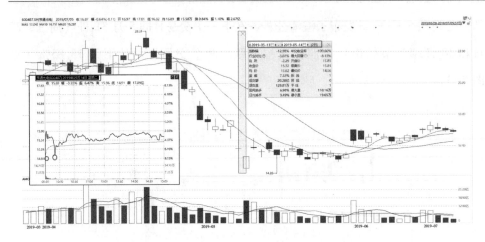

图7-4　亨通光电（600487.SH）走势

7.2.3 "地雷"特性"明"

只要诱惑存在，财务造假必然存在。财务造假手段多样，不断进化，呈现出千奇百态的局面。中国上市公司的假账丑闻可谓层出不穷。由于"财报地雷"具有明显的行业特征、企业属性等，散户对"财报地雷"高发行业、企业和报表项目，要予以高度关注。

（1）高发行业明显。

"财报地雷"的行业分布是不均衡的，有些行业相对更容易出现"财报地雷"，而有些行业出现"财报地雷"的概率要明显小一些。叶钦华等（2022）对2010～2021年发生舞弊的上市公司的研究发现，"制造业"、"农林牧渔业"及"信息传输、软件和信息技术服务业"这三个行业的上市公司发生财务舞弊的情况相对较多，分别达到110家、16家和15家。[①] 从相对数来看，在舞弊公司数量达10家以上的（子）行业中，"农林牧渔业"舞弊公司有16家，行业占比（9.58%）最高，"制造业"的二级行业"医药制造业""化学原料和化学制品制

---

① 叶钦华，黄世忠，叶凡，等. 严监管下的财务舞弊分析——基于2020～2021年的舞弊样本 [J]. 财会月刊，2022（13）：10-15.

造业"的舞弊公司行业占比（分别为4.56%和4.25%）较高，"信息传输、软件和信息技术服务业"的舞弊公司行业占比（4.05%）紧随其后。具体信息如表7-5所示。

表7-5　2010~2021年舞弊样本行业分布

证监会行业类别	舞弊数（家）	上市公司数（家）	占上市公司的比例（%）
制造业—设备制造业	40	1182	3.38
制造业——般制造业	33	802	4.11
农林牧渔业	16	167	9.58
信息传输、软件和信息技术服务业	15	370	4.05
制造业—化学原料和化学制品制造业	13	306	4.25
制造业—医药制造业	13	285	4.56
制造业—电气机械和器材制造业	11	292	3.77
批发和零售业	6	186	3.23
租赁和商务服务业	5	65	7.69
建筑业	5	108	4.63
文化、体育和娱乐业	5	62	8.06
电力、热力、燃气及水生产和供应业	4	128	3.13
采矿业	4	78	5.13
交通运输、仓储和邮政业	3	108	2.78
房地产业	3	116	2.59
住宿和餐饮业	1	9	11.11
综合	1	13	7.69
科学研究和技术服务业	1	85	1.18
总计	179	4362	4.10

资料来源：叶钦华，黄世忠，叶凡，等．严监管下的财务舞弊分析——基于2020~2021年的舞弊样本[J]．财会月刊，2022（13）：10-15．

值得注意的是，近年来房地产行业受"房住不炒"政策影响较为明显，房地产上市公司年度财务会计报告被出具"非无保留意见"明显增多。2021年，房地产行业上市公司年度财务会计报告被出具非标意见的最多，多达23份，即近两成房地产公司被出具非标意见（见表7-6）。

表 7-6　2017~2021 年 SW 房地产行业审计意见类型　　　单位：份

审计意见类别	2017 年	2018 年	2019 年	2020 年	2021 年
标准无保留意见	132	128	123	121	112
非无保留意见	3	7	12	14	23
其中：带强调事项段的无保留意见	1	4	6	6	15
保留意见	1	3	5	7	8
无法表示意见	1	0	1	1	0
合计	135	135	135	135	135

资料来源：Wind 申银万国行业类（2014）SW 房地产。

（2）企业属性明显。

产权性质是财务舞弊的影响因素。国有上市公司的产权集中在国资委等官方机构，由于广受媒体舆论和社会公众的关注，其遵循的规定更为严格，受到的监管更为规范，而非国有上市公司以民营企业、外资企业为主，相对而言，经营环境、制度规则等方面较为宽松，存在财务舞弊的可能性更大（见表 7-7）。[①]

表 7-7　2006~2016 年证监会披露舞弊公司的组织形式

组织形式	民营企业	地方国有企业	中央国有企业	集体企业	中外合资经营企业	总计
舞弊公司数量（家）	79	43	9	1	2	134
舞弊比例（%）	58.96	32.09	6.72	0.75	1.49	100

资料来源：谢林海，罗佳，胡晓洁. 国有与非国有企业的财务舞弊手段及外部监管——基于 2006—2016 年证监会处罚公告［J］. 商业会计，2017（7）：43-46.

（3）报表项目重灾区明显。

财务造假的最终目的一般都是虚增利润，要实现这一目标，就需要对利润表和资产负债表进行"操纵"。如表 7-8 所示，2010~2021 年财务舞弊主要集中在对利润表的粉饰和操纵上，其中：收入舞弊成为财务舞弊的"重灾区"，占比为

———————

① 许金叶，施旖旎. 资本市场财务舞弊与产权性质的关系——基于本福德定律的财务数据测试［J］. 财会通讯，2019（2）：37-41.

64.25%；费用舞弊和成本舞弊成为第三和第五大舞弊类型，占比分别为17.88%和11.17%。特别令人关注的是，资产负债表上的货币资金舞弊、资产减值舞弊已然成为第二和第四大舞弊类型，占比分别高达25.70%和16.20%。进一步分析可以发现，2020~2021年财务舞弊类型呈现出从利润表操纵向利润表与资产负债表联动操纵的变动趋势，特别是货币资金舞弊与资产减值舞弊的占比分别高达33.33%和24.24%，仅次于收入舞弊。

表7-8　2010~2021年舞弊类型分布

舞弊类型	舞弊公司数（家）	占上市公司的比例（%）
收入舞弊	115	64.25
货币资金舞弊	46	25.70
费用舞弊	32	17.88
资产减值舞弊	29	16.20
成本舞弊	20	11.17
营业外收支舞弊	12	6.70
投资收益舞弊	12	6.70
其他舞弊	6	3.35
合计	272	—

资料来源：叶钦华，黄世忠，叶凡，等．严监管下的财务舞弊分析——基于2020~2021年的舞弊样本[J]．财会月刊，2022（13）：10-15．

7.3　把握"识雷"四技巧

大多数散户对上市公司财务报表不熟悉、看不懂，即使是炒股数年或者会计专业科班出身，如果没有专门的、系统的、针对性的学习实践，也很难从股票投资的角度把握好上市公司财务报表的基本语言，以及正确解读其所含的信息及股市操作意义。即使是诸如基金经理等专业人士，要在短时间内对公司做出决定是否投资，也是非常困难的，更何况是散户！同时，国内上市公司 5000 多家，每家公司发布的年报基本都在 10 万字以上，即使一年 365 天、一天 24 小时都在读，也读不完。因此，散户必须掌握一定的"识雷""防雷"技巧，这样可以规避绝大多数地雷。

7.3.1 看财报意见最省事

按照规定，上市公司财报都需要会计师事务所出具审计报告。可以说，审计报告是上市公司财报质量最权威的证明资料，看审计报告意见是散户"识雷""防雷"最简单的办法。唐朝在《手把手教你读财报》中对会计师事务所出具的审计报告意见及其所蕴含的真实意思做了详细的对照（见表 7-9）。

表 7-9　会计师出具意见与其真实意思对照

会计师出具意见	会计师真实意思
标准无保留意见的审计报告	造假迹象未被本人发现
附带说明的无保留意见审计报告	黑锅有人背，本人大胆收钱
保留意见审计报告	假报表，别看了
无法出具意见审计报告	本人拒绝和拙劣的骗子合作
否定意见审计报告	本人举报诈骗犯

资料来源：唐朝．手把手教你读财报：财报是用来排除企业的 ［M］．北京：中国经济出版社，2021：30.

凡是注册会计师不愿意发表"标准无保留意见"的财报都可以理解为：上市公司财报多多少少存在问题，只不过造假的程度不同罢了。其中，无法表示意见相当于对财报的可信赖度投出了"弃权票"，而否定意见则是给出了"反对票"，被出具无法表示意见的公司往往涉及业绩爆雷、债务违约、财务造假、业绩"洗澡"以及被监管部门立案调查等问题。

2022 年 8 月证监会发布的《2021 年度证券审计市场分析报告》显示，近年来我国上市公司数量显著增加，而年报审计为非标准意见的数量及占比均呈下降趋势，数量由 2019 年的 272 家下降至 2021 年的 250 家，占比由 2019 年的 7.1% 下降至 2021 年的 5.2%（见表 7-10）。但是，我们要看到的是，每年仍有 250 家以上的上市公司年报被出具非标准审计意见，而被出具非标准审计意见的上市公司退市的风险较高。值得注意的是，反映财报可信赖度亮红灯的 "无法表示意见" 显著增多：由 2020 年年报 36 家升至 2021 年年报 43 家，增加 7 家，增长了 19.4%，甚至出现了一份为 "否定意见" 的罕见 "否决票"。2021 年，无法表示意见及否定意见占非标意见的比例达到 17.6%，为 2019~2021 年最高水平。

表 7-10　2019~2021 年上市公司年报审计意见类型

审计意见类型	2019 年		2020 年		2021 年	
	公司数量（家）	占比（%）	公司数量（家）	占比（%）	公司数量（家）	占比（%）
一、无保留意见	3675	95.6	4156	96.6	4663	97.0
其中：带有解释性说明的无保留意见	102	2.7	112	2.6	108	2.2
二、非无保留意见	170	4.4	146	3.4	142	3.0
其中：保留意见	125	3.2	110	2.6	98	2.1
无法表示意见	45	1.2	36	0.8	43	0.9
否定意见	0	0	0	0	1	0
非标准意见合计	272	7.1	258	6.0	250	5.2
总体合计	3845	100	4302	100	4805	100

资料来源：中国证监会《2021 年度证券审计市场分析报告》。

　　散户除了要特别注意注册会计师对公司年度财报的审计意见类别，还要特别关注上市公司董事、监事以及高级管理人员等 "自家人" 对公司财报是否保真的意见。根据法律法规的规定，上市公司的董事、监事、高级管理人员应当对定期报告签署书面确认意见，并保证上市公司及时、公平地披露信息，所披露的信息真实、准确、完整。如果上市公司的董事、监事和高级管理人员无法保证定期报告内容的真实性、准确性、完整性或者有异议的，应当在书面确认意见中发表意见并陈述理由，上市公司应当披露。散户可以从上市公司年报的开篇之处"重要提示"（见图7-5）或"第一节重要提示、目录和释义"部分轻易获得，有的还单独发布公告对无法保证财报真实、准确、完整的情况进行说明。

珠海市博元投资股份有限公司
2014年年度报告

重要提示

一、本公司董事会、监事会及董事、监事、高级管理人员无法保证年度报告内容的真实、准确、完整，不存在虚假记载、误导性陈述或重大遗漏，并不承担个别和连带的法律责任。

二、公司全体董事、监事、高级管理人员无法保证本报告内容的真实、准确和完整，理由是：鉴于公司的现状。请投资者特别关注。

三、公司全体董事出席董事会会议。

四、大华会计师事务所（特殊普通合伙）为本公司出具了无法表示意见的审计报告，本公司董事会、监事会对相关事项已有详细说明，请投资者注意阅读。
本期报表延续前期会计报表，本届董事会对其内容的准确性、真实性、完整性不发表意见。

五、公司负责人许佳明、主管会计工作负责人李红及会计机构负责人（会计主管人员）李红声明：无法保证年度报告中财务报告的真实、准确、完整。

图7-5　退市博元（退市）（600656.SH）2014年年度报告"重要提示"

无论是"重要提示"还是"说明公告"，这些都是规定动作，长期以来几乎沦为套话，最容易被投资者忽略，但是如今不再是套话，如果有公司明确表示"无法保证报告真实、准确、完整"，这无异于告诉投资者——这份财报可能是假的。董监高不对自家年报"保真"，博元投资（600656.SH）、康得新（002450.SZ）、华信股份（000765.SZ）、华讯方舟（000687.SZ）、秋林集团（600891.SH）、银鸽投资（600069.SH）等上市公司已经退市。

7.3.2 重灾区"排雷"最高效

在有鱼的地方钓鱼，在"财报地雷"重灾区"排雷"，这是散户"识雷""避雷"的最有效方法。一般而言，上市公司被出具非标准审计意见的审计报告甚至退市只是显现出来的结果。很多时候为时已晚，我们需要在上市公司严重事态爆发之前发现征兆并予以回避。因此，散户需要以发现异常为逻辑起点，重点关注收入、利润、商誉、存货、应收账款、关联交易等财务造假的"重灾区"。

（1）发现异常是重灾区"排雷"的逻辑起点。

分析上市公司财报有多种方法，常见的有比较分析法、因素分析法、比率分析法等。无论采用何种分析方法，发现财报数据异常是财报"排雷"的逻辑起点。绝大多数散户不是财务专家，也没有必要对财报进行深度研究，只要采用简单的比较方法，遵循一定的逻辑思路去分析上市公司财报就可以达到较好的效果。

1）基于时间的横向比较。

横向比较也称为趋势分析，是最简单、最常见的财报分析方法。散户只要分析上市公司最近几年财务数据的变化趋势就可以发现是否存在明显的异常。例如，奇信股份（002781.SZ）以建筑装饰设计与施工为主业，多年位列中国建筑装饰行业百强企业前列，于2015年12月上市。公司在2022年4月20日被实施其他风险警示。在被ST之前，公司年报中的存货周转天数就出现了明显的异常：2013~2019年公司的存货周转天数为12.34~23.58天，但是2020年存货周转天数暴增至169.31天，2021年继续增加至355.59天。

2）基于空间的纵向比较。

在财务分析时一定要考虑行业差异。例如，制造业上市公司重点关注收入确认、资产减值和资产确认，房地产上市公司重点关注收入确认及存货减值，信息传输、软件和信息技术服务业上市公司重点关注收入确认、应收账款及商誉减值，批发和零售业上市公司重点关注收入确认、存货及商誉减值。与同行业比较才有意义，同属于一个行业的公司，财务数据大多表现为同涨同跌、同增同减。因此，对那些明显高于或者低于行业的数据要高度重视。比如，在 2012 年万福生科造假被发现之前，2008~2011 年万福生科的存货周转率只有 1.24~1.97 次，而行业（长江证券指数农产品成分）存货周转率（算术平均值）为 4.14~5.38 次。作为一家以粮食收储、大米和油脂加工销售为主的农业上市公司，过短的存货周转率让人不得不想到农产品的保质保鲜、防腐防虫等问题。

3）基于逻辑的层层递进分析[①]。

报表数据是有逻辑关系的，如果发现报表项目或者指标上存在较为严重的背离，就有理由怀疑可能存在舞弊。以毛利率为例，我们可以通过下面这些逻辑背离来发现端倪：

第一，远高于同行业的毛利率。毛利率反映公司产品竞争力和赚钱能力，是巴菲特买股票最看重的三个指标之一。浑水做空的财务指标特征中，"远高于同行业的毛利率"排在第一位。一家企业具有比同行更高的毛利率，一般说明相对于同行业，公司产品有无法超越的核心竞争因素，如品牌效应、市场垄断等，因而获取了超过行业平均水平的超额利润。因此，警惕在同行大部分上市公司毛利率下滑时，产品毛利率依然高启的公司。

第二，毛利率升高，存货周转率下降。存货周转率是衡量企业销售能力及存货管理水平的综合指标。存货周转率下降，表明公司存货项目的资金占用增长过快、销售能力下降、公司的产品滞销，说明产品竞争力下降或者说供大于求。此时，毛利率应当会下降而非升高。如果企业的毛利率升高，而其存货周转率在下降，那么就有背于常识，该企业有可能将一部分虚增的利润隐藏在虚增的存货中。

第三，毛利率升高，应付账款减少，应收账款增加。毛利率升高，说明企业产品的竞争力提升，在产业链上的地位也随之增强。相应地，企业会尽量多占用上游企业的资金、缩短对下游客户的赊账期限，其应付账款应该增加，而其应收

---

① 叶金福. 从报表看舞弊：财务报表分析与风险识别 [M]. 北京：机械工业出版社，2018：72-73.

账款应该减少。如果企业的毛利率升高，而其应付账款在减少，应收账款在增加，那么就有悖于常识，该企业的财务数据需要仔细掂量了，可能将一部分虚增的利润隐藏在虚增的应收账款中！

第四，毛利率升高，现金循环周期上升。企业的高毛利率一般意味着它在产业链上拥有强势地位，企业会尽量占用上游客户的资金，而不给下游客户很长的赊账期，其现金循环周期（应收账款周转天数+存货周转天数-应付账款周转天数）一般较小，甚至出现负值。如果企业的毛利率升高，而其现金循环周期在上升，甚至比同行毛利率低的企业更高，那么就有悖于常识，往往意味着其毛利率是不真实的，需要警惕企业的盈利能力，一般可判断该上市公司可能做了假账。

（2）重点分析易爆雷项目。

并不是财务报表中的每个项目都容易爆雷，利润、收入、存货、应收账款、商誉等项目是容易造假和实际中爆雷较多的报表项目。

1）利润。

利润是股民最关心的，也是最容易被上市公司操纵的财务指标。散户可以从利润的现金流含量角度，用净现比（净现比=经营性现金净流量/净利润，反映企业所赚取一元利润中有多少现金流入）指标来判断上市公司利润是否存在"地雷"。由于公司都会有折旧、摊销等不需要支付现金流出的成本，因此净现比会大于1。如果一家公司净现比异常，而资产负债率又逐年提高，则证明该公司正在"失血"，主要是靠体外"输血"而生存下来，需要特别小心。

康美药业（600518.SH，现为 ST 康美）出现了我国现今为止最大规模的财务造假案，2016~2018 年年度报告累计虚增货币资金 886 亿元。在 2019 年 5 月 17 日证监会通报康美药业造假之前，我们可以发现，康美药业 2014~2017 年净利润现金含量分别仅为 0.50、0.18、0.48、0.45（见表7-11），均不足 50%，远低于 1 的水平，说明康美药业的净利润水分很大。虽然整个中药行业的经营现金流量普遍较低，但是与同行业其他主要的医药企业相比，康美药业的净现比仍处于末端，作为行业领军企业，康美药业经营现金流不足的现象让人难以理解。从资产负债率指标看，康美药业资产负债率在逐年增长，由 2014 年的 40.03% 增长到 2018 年的 64.30%，有息负债占总负债的比率也在逐年增长，说明康美药业借钱越来越多。同时，应付预收项目负债占比在逐年下降，由 2014 年的 25.19% 降至 2018 年的 10.26%，说明供应商越来越不乐意先货后款的方式给康美药业供货了。由此可以看出，康美药业经营出现恶化。

表 7-11　2014~2018 年康美药业部分财务数据

项目	2014 年	2015 年	2016 年	2017 年	2018 年
净现比	0.50	0.18	0.48	0.45	0.83
资产负债率（%）	40.03	50.56	46.40	53.24	64.30
应付预收占总债比率（%）	25.19	13.46	11.70	10.47	10.26
有息负债占总负债比率（%）	63.80	77.91	81.13	74.28	76.11

注：净现比=经营性现金净流量/净利润；应付预收占负债比率=（应付账款+应付票据+预收账款+合同负债）/负债合计。

资料来源：Wind。

2）收入。

收入是利润的来源，直接关系企业的财务状况和经营成果，是财务舞弊的重点领域。一般通过关联交易、虚构业务（含虚构海外业务、虚构海外工程项目）、提前确认收入等方式来实现虚增收入的目的。如果出现下列情况，就要多加小心：

第一，收入变动趋势与行业不一致，收入增长率远高于行业水平，或者无视经济周期逆势上行。如果没有强有力的业务逻辑支撑，基本上收入造假的可能性较大。

第二，营业收入与经营活动净现金流变动背离。营业收入一般与经营活动净现金流保持同步，否则，说明收入的质量不高。

3）存货。

存货是最容易造假的项目之一，在那些存货难以计价、难以盘点的行业（如农林牧渔业）较为常见。除獐子岛扇贝逃走事件之外，其实还有许多存货造假的类型。当我们发现出现存货跌价准备占存货比重过大、存货余额非正常增长、存货增长速度快于营业收入增长速度，以及与同行业可比公司相比存货占资产比例、存货周转率过高/过低等情形时，就要警惕存在舞弊或者业绩粉饰的可能。

4）应收账款。

应收账款是财务报表中经常会出现"雷"的地方。简单地说，应收账款就是公司卖出了产品或提供了服务应该收到现金而没有收到，只收到欠条。应收账款不仅仅是一个财务数据，还反映了上市公司在产业链上的地位、商业模式等。应收账款余额过大，发生坏账的风险会相应增加，回收周期过长，会造成营运资金周转过慢，进而导致经营现金流变差，同时也说明公司在产业链中处于相对弱势的地位。一般来说，当应收账款占资产比例过高、应收账款占营业收入的比例过大、应收账款周转率过低时，需要注意爆雷风险。

水仙电器（600625.SH）的前身是上海洗衣机总厂，所生产的"水仙牌"洗衣机一度风靡全国，整个20世纪80年代都是不少家庭梦寐以求的大件。2001年4月23日，该公司被终止上市，是中国股市上第一家退市公司。水仙电器在退市之前，应收账款方面已出现问题。为了打破销售不畅的局面，公司大量采用赊销的营销方式，但是效果并不明显，营业收入大幅下降，由1994年的9.71亿元下降至1999年的1.75亿元，而应收账款大幅上升。1998年应收账款达到了3.46亿元，是营业收入的1.87倍，应收账款周转天数高达723.23天，出现了明显的异常（见表7-12）。

表7-12　水仙电器（600625.SH）2014~2018年财务数据

项目	1994年	1995年	1996年	1997年	1998年	1999年
营业收入（亿元）	9.71	9.23	7.57	4.53	1.85	1.75
应收账款（亿元）	—	2.45	3.07	3.97	3.46	—
应收账款周转天数	35.31	69.22	131.33	279.79	723.23	595.04

资料来源：Wind。

5）商誉。

商誉简单来讲就是上市公司收购项目或者公司时所付出的、超过净资产的溢价。有些企业在上市后，特别喜欢到处并购，但如果被收购的资产业绩不佳，公司承诺无法达到预期，就会面临商誉减值的风险。当公司计提大额商誉减值时，就很可能直接给利润，由盈转亏甚至变为大幅亏损，人们称之为商誉爆雷。在2019 年上市公司披露 2018 年年度报告时，影视动漫游戏类上市公司因计提大额商誉减值，导致该类公司业绩出现大面积"变脸"。根据 Choice 数据不完全统计，游戏股中有天神娱乐、游久游戏等 16 家 A 股游戏上市公司业绩预亏，超过10 家公司提及了商誉减值的影响，而影视动漫股中有 10 家业绩预亏，其中 7 家提及了商誉减值的影响。

商誉爆雷事件影响比较大的要数数知科技（300038. SZ，已退市）。数知科技，前身是梅泰诺，主营业务为各类通信塔的设计研发、生产制造及安装维护，2012 年开启大规模产业并购，逐步布局物联网和互联网营销。2020 年 12 月 23日晚间，该公司发布商誉减值风险提示性公告，预计将出现 56 亿~61 亿元的商誉减值。而截至公告发布之日，公司上市十年来累积净利润约为 20 亿元，市值63. 51 亿元，也就是说，此次商誉减值不仅把市值亏光了，还把上市 10 年来累积的净利润亏完！所以，很多人把商誉视为洪水猛兽、毒瘤，碰到商誉金额大或者商誉占净资产比重过大的公司都避之不及。股市中也有这么一种说法：经常融资，会计商誉很高的公司一定好不到哪儿去。一样的道理，从不融资，还经常大额分红的公司差不到哪儿去。

7.3.3 不小看常识的威力

很多时候，发现上市公司"财报地雷"并不需要高深的专业知识，依靠常识就可以。散户买股票，很多时候借助常识比做定量分析更为有效。以下内容不仅是排除"财报地雷"的方法，还可以用来排除公司其他领域的"地雷"。

（1）背离大势。

上市公司年度报告中的"管理层讨论与分析"部分对公司所处的行业、从事的主要业务、核心竞争力等都有较为详细的阐述。上市公司的发展与国家宏观经济形势、产业链上下游、行业自身的发展状态息息相关，基本上是"同频共振"。如果某一上市公司的发展与国家宏观走势、行业发展趋势存在较为明显的、长时间的背离，我们就要小心。

（2）监管预警。

随着对上市公司的监管力度越来越严格，借助监管机构的公开信息来"排雷"不失为一种高性价比方法。实际上，监管机构的眼睛是雪亮的，他们对上市公司出具的问询函、关注函、监管函、警示函等文书非常有可读性，他们是具有顶尖水平的"火眼金睛"。一般而言，监管机构的监管措施对上市公司股价走势存在负面影响（见表7-13）。散户对那些被出具监管措施的上市公司，尤其是那些短期内股价涨幅较大的上市公司要注意回避。

表7-13　监管措施及其对股价走势的影响

类型	基本含义	对股价的影响
问询函	监管部门发现上市公司披露瑕疵或对公告内容存疑，要求公司进一步披露，一般包括财报问询函、重组问询函，发函主体主要为交易所	财务问询函：公告后半年平均跑输二级行业5.25%，一年后平均跑输二级行业9.02%，需予以关注。延期回复问询函：公告后半年平均跑输二级行业7.73%，一年后平均跑输二级行业13.20%，需重点关注
关注函	上市公司不一定违规，发函主体提示风险，并要求公司进一步说明、更正或明确解决方案	公告后半年平均跑输二级行业7.82%，一年后平均跑输二级行业12.69%，需予以关注
监管函	上市公司违反了相关法规或规定，从而发函予以警示并敦促整改	影响比较小：2016年、2018年的样本公告整体跑输基准，但效果不明显；2017年的样本在公告一年后平均跑输二级行业11.53%
警示函	上市公司有违规现象，但不构成行政处罚，发函主体主要为证监会	事件效应最弱，并且波动大

（3）媒体负面报道。

随着互联网和大数据时代的发展，各种新旧媒体（如报纸、公众号）对上市公司的盈利能力、偿债能力、营运能力、成长性、现金流等财务业绩时常提出质疑，逐渐成为监督上市公司的重要手段之一。洪靖雅的研究表明：负面报道会导致上市公司股价短期内强烈的负向波动，且负面报道产生的影响在报道日后第一日最为显著；短期内媒体负面报道次数越多，股价负向波动越显著；与简略的、显示一般侵害的负面报道相比，深入的、反映严重侵害的负面报道将导致股价更剧烈的负向波动，且报道方式的影响效力与报道内容相比更加显著。[①] 因此，一旦发现上市公司出现负面报道，散户要及早退出，宁可信其有，不可信其无，在股海中遨游多一份谨慎是必要的。

（4）行为异常。

事出反常必有妖。上市公司出现大股东或高管层严重不诚信、舞弊或违法违规、团队频繁变动、大股东股权质押比例高、大额减持股票、内部管理严重冲突等异常行为，我们要倍加小心。叶钦华等（2022）研究发现，舞弊公司的非财务异常特征出现次数（885 次）是财务异常特征次数（239 次）的 3.70 倍之多[②]。而股东行为异常居非财务异常特征第一位，累计出现 198 次，占非财务异常特征合计（885 次）的 22.37%；高管行为异常居第四位，累计出现 77 次，占全部次数的 8.70%（见表 7-14）。也就是说，股东或高管行为异常两者合计占比高达 31.07%，从大股东或高管层行为异常方面就可以排除大部分的舞弊公司。除表 7-14 列举的非财务异常特征之外，还有其他各式各样的蛛丝马迹。例如，特别注重门面或者搞展示公司实力的大场面行为（包括过于高调的"慈善"）；选择性披露信息，该公告的不公告，该详细说明的数据模糊化一带而过。

① 洪靖雅. 媒体负面报道与上市公司股价波动 [J]. 财会通讯，2021（12）：58-62.
② 叶钦华，黄世忠，叶凡，等. 严监管下的财务舞弊分析——基于 2020~2021 年的舞弊样本 [J]. 财会月刊，2022（13）：10-15.

表 7-14 非财务异常特征

非财务异常特征	出现次数
股东行为异常——高股权质押或股权冻结	198
监管预警异常——公司频繁收到非处罚类监管问询	153
交易对象异常——客户规模特征与交易金额相背离	92
高管行为异常——公司核心高管身兼多职	77
交易对象异常——客户供应商变动频繁	76
司法预警异常——公司涉及重大诉讼或被纳入失信人	64
交易对象异常——供应商规则特征与交易金额相背离	64
并购行为异常——报告期内存在高商誉且被并购方业绩对赌精准达标	56
业务特征异常——人均产值不符合行业惯例	55
交易对象异常——客户供应商存在隐性关联关系	50
合计	885

资料来源：叶钦华，黄世忠，叶凡，等．严监管下的财务舞弊分析——基于 2020~2021 年的舞弊样本 [J]．财会月刊，2022（13）：10-15.

因此，建议散户从股票池中剔除存在大股东或高管层行为异常的上市公司股票，切不可被其他的蝇头小利或者一些表象迷惑。比较典型的例子是乐视网（已退市，300104.SZ）。2015 年，乐视网市值曾超过 1600 亿元，成为当之无愧的"创业板之王"，但短短 5 年时间里，乐视网蒸发了超过 1600 亿元市值，在最后一个交易日 2020 年 7 月 20 日总市值仅为 7.18 亿元，最大跌幅达 99.62%（已考虑权息因素），创下 A 股纪录（包括已退市股票）。乐视网创始人贾跃亭在公司危机爆发之前质押了大量股票。遗憾的是，不少投资者并没有给予足够的重视，在乐视网进入退市整理期前仍有大量股东持股。

7.3.4 牢记五个"不等于"

散户炒股"识雷""防雷"，一定要懂五个"不等于"或者说是要回避五大误区。

（1）低价股不等于好股票。

股市中的低价股，尤其是由高价跌至低价的个股，比如从 50 元/股跌至 5

元/股，给人占大便宜的感觉，很多散户就有买入的冲动。他们还有一种似是而非的理由，即股价都跌这么多了，再继续下跌的空间也是有限的，要是万一买在底部，上涨空间那就非同小可。散户的错误在于：他们不知道股价高低不是买卖的依据，不清楚低价股很多是亏损的垃圾股，也不去研究沦为低价股的原因。很多散户买低价股后，结果往往不尽如人意，对低价股左等右等，股价还是不涨，长时间内都一蹶不振，甚至一跌再跌。有些股票从 10 元/股跌到 5 元/股，然后它还有可能会从 5 元/股跌到 2 元/股，乃至 1 元/股，甚至退市。

（2）明星股不等于好股票。

我们常听说："这家公司耳熟能详、产品畅销、行业龙头、国资背景、政策支持、管理卓越，看起来是一家伟大的公司，放心买吧！"但是，买了该公司股票之后，并没有想象的那样长期走"牛"，甚至还大跌。较为典型的是中国石油（601857.SH），该股自 2007 年 12 月 28 日上市至 2022 年 10 月 21 日，累计跌幅为 81.91%。除中国石油之外，我们再来看看 A 股市场上那些昔日的明星股的表现（见表 7-15）。对那些一看到所谓的明星股就有买入冲动的散户，需要好好品读马克·米勒维尼在《股票魔法师Ⅱ：像冠军一样思考和交易》中所表述的[1]：

> 没有绝对安全的股票，正如没有一辆赛车是绝对安全的一样。像赛车一样，所有的股票都有风险。一家公司家喻户晓，或公司有着经验丰富的经营管理团队，并不意味着它是一只伟大的股票。在严酷的熊市期间，即使是"优质"公司也可能被"屠杀"，有些甚至会破产。通用电气股价在 2000 年达到顶峰，但之后从每股 60 美元降至 6 美元以下，价格下降了 90% 以上！到 2016 年，股票也只涨回一半。16 年后，买入蓝筹股的投资者仍然亏损 50%，而通用电气被认为是全球质量最高的公司之一。像这种大型"安全"

---

① 马克·米勒维尼. 股票魔法师Ⅱ：像冠军一样思考和交易 [M]. 张泂，马斐儿，译. 北京：电子工业出版社，2018：3.

投资级公司"伤亡"的例子数不胜数。

表 7-15　A 股明星股上市首日至 2023 年 6 月 30 日股价区间表现

证券代码	证券简称	主要概念题材	上市日期	最高价（元/股）	最高收盘价日	最低价（元/股）	最低收盘价日	自最高价的最大跌幅（%）
688277.SH	天智航-U	国产手术机器人第一股	2020 年 7 月 7 日	141.60	2020 年 7 月 14 日	11.20	2022 年 10 月 11 日	-92.09
688027.SH	国盾量子	量子通信第一股	2020 年 7 月 9 日	496.00	2020 年 7 月 14 日	72.70	2022 年 4 月 28 日	-85.33
688981.SH	中芯国际	国产芯片第一股	2020 年 7 月 16 日	95.00	2020 年 8 月 6 日	36.20	2022 年 10 月 11 日	-61.89
688256.SH	寒武纪-U	人工智能芯片第一股	2020 年 7 月 20 日	297.77	2020 年 7 月 23 日	46.59	2022 年 4 月 26 日	-84.35
688095.SH	福昕软件	PDF 软件第一股	2020 年 9 月 8 日	373.00	2020 年 9 月 18 日	58.81	2022 年 10 月 11 日	-78.86
605499.SH	东鹏饮料	功能性饮料第一股	2021 年 5 月 27 日	285.70	2021 年 7 月 7 日	55.52	2021 年 5 月 27 日	-60.29

注：区间最高收盘价、区间最低收盘价选用不复权价格。

（3）好业绩不等于好股票。

很多散户经常发出这样的感叹："为什么我持仓的股票业绩大涨，反而股价大跌，那个垃圾股重度亏损，业绩越烂的反而越涨?"我们买股票，如果公司业绩好，当然是好事，毕竟打铁必须自身硬，有业绩加持底气更足。但是，业绩只是引起买入的重要因素之一，而不是唯一的因素。业绩与股价尤其是股价的短期走势没有必然联系，而且业绩与股价走势不同步。不会因为公司的业绩好，股价就会自动涨上去；反之，也不会因为公司的业绩差，股价就会自动跌下去。如果一味以业绩作为选股的标准，就会落入"伪价值投资"的圈套。

（4）低估值不等于好股票。

买入低估值的股票是很多投资大师所遵循的基本原则。很多散户简单地把低市盈率、低市净率等估值指标当成择股的重要标准，看到低估值股票就买入。这种做法是值得商榷的，他们没有理解买低估值股的实质：一是忽视了买低估值股的前提条件是上市公司本身质地不能差。也就是说，该上市公司股票当前的低估值是市场认为它差，或者因为某些原因导致股价过低，但是实际上并没有那么差。如果一家上市公司的股票估值低是因为上市公司本身质地很差，那么即使买入这种所谓的低估值股，大概率还是不会涨。二是低估值的股票并不一定会涨。对于有些低估值的股票，如果上市公司出现业绩大幅下滑，它以后可能会出现高估值，它的股价也会继续大跌。

（5）高分红不等于好股票。

我们经常听到类似于"银行股股息率都6%以上，长期持有银行股吃股息不香吗？"的说法。这些散户认为一家公司的分红率高，说明公司赚的是真金白银，更重要的是分红也是投资收益的来源之一，依靠高分红同样可以实现投资收益的增值。然而，凡事有一利必有一弊，很多股票分红后都要除权除息，一旦除权除息，那就意味着股票价格会下调，分红后持股总市值并没有增加，甚至还降低。另外，买入高分红个股后股价下跌也是不能承受之痛。有人推算过，如果在2018年初买入工商银行，持有到2023年6月初依然是亏损的状态。那是因为2018年工商银行股价处于6.18元/股左右的高位，股价下跌所导致的整体亏损大于分红的收益。

另外，上市公司回馈股东的方式有多种，分红只是其中之一。当公司有回报更高的项目时，用留存的利润投入到项目中更能增加股东价值。细心的股民可以发现，科技股分红相对较少。这主要是因为高科技行业处于高速发展期，融资缺口很大，按照优先融资理论，首选留存收益，不分红、低分红就变得很自然了。在股价低迷时，公司回购股票也是回馈股东的重要方式。因此，我们不能一概而论，认为高分红就是好股票，高的现金分红只是要重视的因素，但并非绝对指标。

8　炒股天道酬勤

散户要想炒股成功，既需要十年如一日的股市复盘，品读股市经典书籍，获得股市高人的指点，也需要深度思考，让自身错误有价值，让盘外智慧有意义，更需要修炼忍耐之心，不为行情波动所扰，不为炒股业绩所困。若能如此，散户则已经走在成功的路上。

8.1　基石：夯实能力圈

8.1.1　用好"复盘"法宝

（1）复盘是股市成功的捷径。

"复盘"一词源于围棋术语，就是每次博弈结束以后，双方棋手把刚才的对局再重复一遍，这样可以有效地加深对这盘对弈的印象，也可以找出双方攻守的漏洞，这是围棋棋手提高棋艺的一个专业方法。古今中外但凡有所成就的人，都是复盘的高手。如果不懂复盘，再多的努力都是低水平勤奋。炒股也是如此。股市复盘是对股票交易系统总结、分析的过程，有助于形成对市场客观公正的认识，有利于我们了解自己的优缺点，进而完善股票交易系统，不断提高交易自信。

20世纪股市奇才利菲摩尔每年都要专门腾出时间对一年来的操作进行总结。亚历山大·埃尔德在《以交易为生Ⅱ：卖出的艺术》中认为，做好交易记录是从经验中学习进步的最好方式，它们将那一闪而过的经验转变成固化的记忆和经验教训。市场分析和买卖决策都将记录在交易日志中。在遇到困境时，我们可以利用这些记忆，重新检验这些信息，这会有效地帮助我们成为更优秀的交易者。

很多我们散户炒股多年甚至10年以上，平时也没少花工夫，每天盯着交易屏幕，各种技术指标熟记在心，各种新闻信息信手拈来，但在股市成功道路上仍然进步缓慢，这在很大程度上与没有复盘或者低效、无效复盘有关。散户没有高效复盘的原因不外乎：有些是无知，认为复盘与炒股成功无关，他们只想进行买卖交易，不愿意做操作计划，更不愿事后总结；有些是知道复盘重要，但没有毅力去坚持，去完善复盘；也有些是自揭伤疤怕"痛"，因而宁愿让自己稀里糊涂，"把头埋在沙子里"。

（2）交易计划是复盘的前提。

预则立，不预则废。几乎所有的努力，如从事一项运动、建一所房子、实施一项政策等，在开始之前都需要一个计划。如果想要在股市取得成功，在开始行动之前也应该制订一个计划。制订明确的书面交易计划被公认为是获得交易成功的第一步。马克·米勒维尼在《股票魔法师Ⅱ：像冠军一样思考和交易》中写道："制定计划并不能保证每次出手都能获利，但这将有助于你管理风险、减少损失、明确并保住利润，并能采取果断行动处理突发事件。随着时间的推移，做到这一切将大大提高你成功的概率。"但是，大多数散户投资者都没有真正的计划，也不知道如何去制订交易计划。没有交易计划，就如同飞机没有雷达，交易的随意性很强。

这里需要提醒的是，交易计划必须在操作之前制订好。只有提前白纸黑字写下的交易计划是比较容易客观写下买入逻辑和思考的。等这笔交易结束后，我们可以重读这份客观的交易报告，看看当时有没有思维漏洞，以此来补足自己的短板。

（3）交易记录是复盘的基础。

交易记录是复盘的基石。坚持做交易记录的好处是显而易见的。《操盘手的资金管理系统：锁定利润规避破产风险》的作者班尼特·A.麦克道尔列举了做交易记录的10大好处[1]：

1）增加你的自律性。

2）你对交易系统的信心在增强。

3）你能快速解决亏损问题以防止破产，另外，你不会逃避现实。

4）你能识别出赚钱的方式并快速行动。

5）你的抵触心理在减少，你的整体心理在提高。

6）优秀的交易记录能记录当前重要的统计数据，比如胜率和回报率，这样你才能决定风险百分比。

7）随时处理好税务问题。

8）让你变得更加专业，更加专注。

9）你能找到错误并在将来避免犯同样的错误。

10）你的控制能力提高了——就像拥有控制权的司机一样，你能控制自己的未来。

股市复盘效果的好坏，与复盘方法、复盘内容、真实态度、股市悟性等多种因素有关。交易记录样式、方式因人而异，可以根据自己的习惯自行设计交易记录模板，但至少涵盖股票交易系统的基本内容，一定要把所思所想包括在内，尤其是对那些被套的、大亏的交易记录要反复思考、反复品读，这样就会发现当初的很多操作是那么的愚蠢。例如，某段时间交易账户亏损较大，原因可能是选股错误，踩中股市"地雷"，没有止损；可能是没有跟上主流行情，行情大涨而持

---

① 班尼特·A.麦克道尔.操盘手的资金管理系统：锁定利润规避破产风险［M］.张轶，译.太原：山西人民出版社，2020：83-84.

有的个股涨得慢，而当行情下跌时，持有的个股下跌得多；也可能是逆势交易，被套后没有及时止损，甚至还不断补仓。再如，某笔交易盈利金额不大，只获得了暴涨的极小一部分利润，原因可能是看到板块龙头开始见顶回落而担心到手的利润回吐，也可能是大盘大跌而担心该股跟随大盘下跌补跌。

（4）为交易评分是复盘的核心。

交易评分是复盘的重要环节，就像我们学习新的知识之后需要考试才能知道自己的学习效果一样。我们要经常去翻阅自己的交割单和交易记录，发现操作中的问题，找到前进的方向。对交易评分会让我们更关注计划的执行，更清楚自己的弱点。随着时间的推移，不断地修正交易计划，我们的表现也将越来越好。对交易评分的方法多种多样，关键是要和客观一致。在遵循客观一致的前提下，以下内容必须涵盖在内：

一是计划执行情况。我们的交易计划是交易及其评价的重要内容。这里需要对没有按照交易计划的随意交易行为高度重视。如果是随手单，即使最终结果是盈利，那么也不能认为是好的交易。同样地，如果是计划单，即使最终是亏损，那么交易评分也要高于随意交易的盈利单。

二是整体盈亏情况。我们不可能做到每笔交易都盈利，但我们要对一天、一周、一个月、一年的整理盈亏进行评价，了解盈利单与亏损单比例、单笔盈利额与亏损额。总的来说，少亏多赚是较好的结果。

三是单笔交易情况。亚历山大·埃尔德在《以交易为生Ⅱ：卖出的艺术》中提出的比较买入点或卖出点在当天价格波动的位置来衡量交易质量的方法值得参考[①]。他的方法如下：

买入评分=（当天最高价-买入价）/（当天高价-当天最低价）

结果以百分比形式表示：如果在最低价买入，评分就是100%，但如果在最高价买入，评分就是0。等级低于20%是比较差劲的，高于50%表示好，高于

---

① 亚历山大·埃尔德. 以交易为生Ⅱ：卖出的艺术［M］. 马福云，译. 北京：机械工业出版社，2013.

80%表示优秀。

卖出评分＝（卖出价−当天最低价）／（最高价−当天最低价）

结果也用百分比表示：如果在最高价卖出，评分是100%，但如果在最低价卖出，评分就是0。80%以上表示优秀，20%以下表示差劲。

8.1.2 让经验发挥价值

20世纪美国著名炒家朱尔说："股票市场是有经验的人获得很多金钱，有金钱的人获得很多经验的地方。"这句话告诉我们，要想在股市中取得成功，必须反省自己，总结经验，让经验成为股市成功路上的垫脚石。

（1）深度思考是让经验发挥价值的前提。

古有"学而不思则罔，思而不学则殆"之说，今有"比努力更重要的是深度思考的能力"之言。德国"股神"安德烈·科斯托拉尼认为，职业投资者的工作，95%是在浪费时间，他们在阅读图表及营业报告，却忘记思考，但对投资者来说，这才是最重要的。

我们身边不乏这样的股友，他们有着很长时间的炒股经历，可谓是十足的"老韭菜"，但他们的炒股水平还不如那些入市一两年的经过系统训练的新手。究其原因，他们很少真正静下心来思考股市的运行逻辑，很少总结反思自己的操作，很少认认真真去品读股市经典书籍，他们用表面上的拼搏和努力掩盖了他们实质上的缺陷——未深度思考。事实上，就算阅读再多的股票经典书籍、跟随再好的师傅学习股票、再长的股龄，如果没有对股市的深度思考，付出的是不走心的努力，即使在股市中熬过很多年，哪怕是十年、十几年甚至几十年的老股民，也很难把知识和经验变成自己的本领，也就难以超越《道德经》中所述的"知道""学道""悟道""得道""出道"五个道的前两个"道"。即使给一个人一本股市"天经"，他也可能视而不见，充耳不闻，理解不透。只有深度思考后的经历转化成能力时，才叫经验，才能够取得事半功倍的效果。

（2）从错误中学习是让经验发挥价值的捷径。

炒股成功之路没有捷径。股市高手都曾经历过或多或少、或大或小的失败，甚至破产的至暗时刻，但是他们把苦难视为良师，从错误和失败中吸取教训，从黑暗中看到光明，最终登上股市的巅峰。事实上，股市中本来就没有百分之百的准确性，因而犯错、失败并不可怕，及时知错、认错、改错是对待错误的正确姿势。但是，如果不去反省自己，不去查明犯错的原因，抑或知错而不改错，那就非常危险，甚至不可救药。

很多散户对炒股中所犯的错误没有正确的认知和良好的态度，往往认为错误是可耻的，是伤疤，是痛苦，甚至不敢回首，也从不承认亏损是自己的错误。如果不能看到自己的错误，正视自己的问题，就根本无从谈起从错误中学习。只有从内心深处认识到错误，才能让错误成为炒股成功路上的财富。索罗斯曾说："认错的好处是可以刺激并增进批判力，让你进一步重新检视决定，然后修正错误。我以承认错误为荣，甚至我骄傲的根源来自认错。"

此外，散户不能一味地把失败当成成功之母，我们既要从自己的错误中吸取教训，也要从别人的错误中成长。世界上有两种人：一种是聪明人；另一种是有智慧的人。聪明人会从自己的错误中得到教训，而有智慧的人可以从别人的错误中得到教训。我们更应该做股市中有智慧的人。

（3）大熊市和股灾都是最好的教科书。

不经历风雨，怎能见彩虹？那些没有切身经历过大熊市、股灾的人是永远体会不到，也永远理解不了那种锥心之痛、煎熬之苦、无助之心的。这种股市磨炼是一种巨大的财富，让我们锻炼了操作能力，懂得什么是风险，知道股市的风险有多大，让我们学会了理智。"不经历完整的牛市和熊市轮回的投资者，就不可能成为成熟的投资者。"这句话是对股市磨炼最珍贵的总结。但是，我们很多散户遭遇熊市、股灾时，眼里只有账户亏损及其亏损的痛苦，到处吐槽甚至谩骂，这是他们的常见做法。炒股亏损的经历及其痛苦并不是财富，唯有见识过、经历过、总结过、升华过痛苦，才会留下刻骨铭心的记忆，才会牢记教训，才会变为真正的财富。如果辜负了残酷、无情甚至令人绝望的熊市和股灾所带来的恩赐，我们失去的是一次又一次让自己蜕变、成熟的机会。

（4）避免错误再次发生是让经验发挥价值的体现。

在股市中重复犯同样的错误是不可忍受的。不能每次犯错后就用微不足道的"下次改正"来自我安慰。如果认识不到这点或者上升不到这种高度，那么同样的错误将会重复下去，直到大亏甚至退出股市为止。股民必须不断地吸取经验教训，必须在每次交易后变得更好。如果没有，就白白浪费了一次提高的机会，我们用来分析所花的所有时间、精力以及资金承担的所有风险，我们所犯的错误及总结都将变得没有任何意义。因此，避免错误再次发生是我们的最终目的。

避免再次犯错的方法有很多，笔者的做法是三步法。

第一步：制作错误清单。错误清单就是把我们在炒股中发现的错误分门别类地做成清单。倘若今天犯了错，比如把交易计划放在一边，完全不顾计划而操作，有时操作完后立马就意识到没有遵循计划，这时需要仔细回想并记下犯错的原因，当找到失败或失误的原因时，就在错误清单中增添一条。

第二步：刻意练习。制作错误清单仅仅是避免再次犯错的开始，我们需要对错误清单进行回顾和分析。由于股市是人性的最佳展示场，因此很多错误会在错误清单中不断地重复出现。比如：发现好股启动，明知是机会，但不敢去追，一心想等回调再买，结果是越等越涨；明知个股处于下降趋势，风险较大，但仍然在弱反弹时买入；制订的计划抛于脑后，应守的纪律置之不理，一到复盘全是经验和教训。一般而言，没有切肤之痛，一个人是很难改变的。我们没有必要用金钱的代价和心灵的折磨去换取改变，我们可以用好刻意练习这个法宝，即针对自己的弱点和错误去刻意练习，我们可以通过"下单前重温交易法则""等3分钟后再交易""买卖十问""不为清单"等方式来做"遵循交易原则"的刻意练习，经过一定的训练我们就会形成潜意识行动，实现从"知道"到"做到"的跨越。如果我们在当天交易中遵循了交易法则，那么即便交易亏钱，还是要自我表扬，表扬自己遵循了交易法则；如果我们在当天交易中没有遵循交易法则，那么要在内心回顾和检讨自己的交易行为，在心中做好准备，力争在将来的交易中能做出更多正确的抉择。不断反复，用不了多长时间，我们就会按交易原则行事。

第三步：形成行动自觉。正如学习中要温故而知新一样，每过一段时间，我们就要去回顾以往的交易经验，正确的交易是否被强化，错误的交易是否被杜绝。明白这个道理很容易，但承认它却很难。我们都容易活在自己幻想的行情中，而不是顺应市场行情。当经历了惨痛教训，痛得有了感悟时，自然就学会了改变。本·卡尔森在《投资者的心灵修炼》中写道："不论你是管理 1000 万美元还是 1 万美元，你都应当遵守同样的基本原则。"

8.1.3 极致聚焦能力圈

成大事者，都是在能力圈内做最擅长的事。老干妈、华为、苹果公司，都是聚焦到极致，做了一个拳头产品的典型案例。人的成功，就是集中精力做好一件事。人的失败，就是做了很多事，一件事情也没做成，或者说，一件事也没有做好。经过了这么多年的股市生涯，笔者最深刻的总结是在思想上一定要相信聚焦到极致的力量，而在行动上要做减法，一定不要什么都去学、什么都去尝试，把自己擅长的一招一式练到极致，不要轻易越过能力圈边界。

（1）圈内求极致。

关于能力圈，简单通俗的理解就是，对于某个盈利模式、交易策略、技术指标、行业领域，能看得懂，是真的懂，甚至比别人懂。人的注意力是有限的，各人有各人的专长。在股市中，没有一种绝对的方法能保证赢。面对众多投资策略，我们要寻找一种在未来长期有效且适合自己能力圈的模式、策略、方法、技术，坚持下去，这样就会越来越专业，越做越顺利，就会比其他人更早感知行业动态，就会比别人更能预判接下来可能的走势，盈利能力、稳定性都会增加，我们也会感觉非常轻松。随着时间的流逝，我们将因为自己的专长而补偿前期所做的牺牲，从而获得满意的回报。千万不要去追求所谓的"十八般武艺"样样通，不要今天看见这种方法有效就学这个方法，明天觉得那个模式有效又学那个模式，那样的结果最终肯定是一事无成。其实最赚钱的模式方法，就是现在正在赚钱的模式方法。与其利用新的模式方法，不如用现有模式方法做精、做透。例如，聚焦赚钱模式。

经验显示，一个人不可能同时擅长价值投资、成长投资、波段交易和日内交易。如果我们试图做好所有这些，可能最终只是一个平庸的全能投资者。要享受一个策略的好处，必须牺牲其他的策略。因此，如果我们选择以技术分析炒股，那么就要领会"十招会不如一招精"，把价格、成交量等核心指标用法练至极致，不要总是认为别人的模式更赚钱，总想去做其他的。同样地，如果我们选择以基本面分析炒股，那么就把商业模式、公司价值、估值情况和未来变化理解透彻，避免所谓的"模式变化""风格漂移"。

（2）圈外求谨慎。

"能力圈"投资理论认为，每个人应该专注自己的知识边界，围绕最熟悉的领域投资，不要觉得自己无所不能。巴菲特强调："能力圈的大小不是关键，而了解它的边界则至关重要。如果你知道了能力圈的边界所在，你将比那些能力圈虽然比你大五倍却不知道边界所在的人更富有得多。"段永平认为，股市上那些长期亏钱的大多属于不知道自己能力圈有多大的人。

很多散户自视能力很强，看到一两个概念就轻易跳进自己不熟悉的领域，看到依靠以技术指标炒股亏钱就换成以基本面炒股，以基本面炒股亏钱之后又换回以技术指标炒股，总之就是不知道自己的能力圈，也没有去锻造夯实自己的能力圈，更没有去厘清自己能力圈的边界，这样的结果注定是失败的。正确的做法是：

交易环境不明，不做！

行情走势不清，不做！

盈利模式不熟，不做！

操作方法不懂，不做！

技术指标不熟，不做！

公司情况不知，不做！

身心健康不好，不做！

投资大师都特别强调不犯错误，至少不犯大错误。避免犯错的最有用招数就是不轻易去"扩大"自己的能力圈。索罗斯说过，看不清股市形势时也去投资，这是对自己不负责任的做法。市场时起时落，人们有时持有这种看法，有时持有那种看法，这都是正常的。不正常的是，当投资者拿不定该买入还是抛出时，却不回避一下，而是勉强投资，结果当然不会好。

8.2 加速：与智者同行

选择比努力更重要，方向不对努力白费！散户想要在股市里赚钱，离不开与智者同行，前人领路，高人指点，广泛涉猎知识，融会贯通，这样才能事半功倍。

8.2.1 寻找高人指点

成功是有捷径的，关键是选择与什么样的人并肩前行。我们与高人在一起，往往听闻高人一句话，远胜苦练十年功。无论做什么事，要想少走弯路，提高效率，都离不开前辈的指点。如果一个人像一位大师一样思考，他就会越来越像一位大师！牛顿说过："我之所以能看得更远，是因为我站在巨人的肩膀上。""股神"巴菲特说："成功的捷径是与成功者为伍。"巴菲特在最初投资股票的那十年，也是收益平平。1951年投资业绩开始改善，原因就是他成功地吸收了格雷厄姆的正确投资理念。他曾经感慨地说，在大师门下学习几个小时，远远胜过他过去十年自以为是的天真思考。

2000年，"股神"巴菲特开始拍卖与他共享午餐的机会，主要是为一个其经常参与的格莱德慈善基金会募捐，以帮助那些穷人和无家可归的人。2022 年是最后一次拍卖，20 多年来累计募集资金超过了 5300 万美元。在这期间的每一年"与巴菲特共进午餐"的拍卖都会爆棚。其中，2022 年"与巴菲特共进午餐"的拍卖价格为 1900.01 万美元，折合人民币约 1.28 亿元。竞得者可以邀请最多 7 位客人或者家人与巴菲特进行一次大约 3 小时的午餐，在餐桌上可以随意向巴菲特提问，他将知无不言、言无不尽。就这样一次不到 3 小时的午餐时间引起了世界各地欣赏巴菲特投资理念的企业家和投资人争相竞价，中标价格也从 2001 年的 1.8 万美元一路飙升至 2022 年的 1900 万美元，价格上涨了 1055 倍，真可谓是"世上奇观"。

很多人会提问：花费数千万元、上亿元吃一顿午餐值不值？事实证明，与"股神"巴菲特共进午餐实际上会带来不可估量的回报。究其原因，是大师的一句话甚至一个细微的动作都可能会对共进午餐者起到醍醐灌顶之功效，有时可以影响其整个投资人生，这在那些参与竞标的投资人看来是非常值得的。

我们很多股民盘前研究、盯盘交易、盘后分析，看书思考，甚至还参加各种会议、各种调研，日程满满，可以说花了十二分的力气也难以从波动的 K 线中获得相应的回报，也没有从财报分析中挖到牛股。因为他们没有老师引路，浪费时间不说，还打击信心，完全是付出没有回报的结果。如果能得到股市高人的指点，结果可能完全不一样。

除向股市高人学习之外，散户也可以向比我们厉害的人学习，总之处处留心皆学问，"三人行，必有我师焉"。但是，寻找高人指点，绝不是病急乱投医。在这里，笔者必须郑重提醒一下，目前各种自媒体、网络平台上到处都是所谓的"大仙""股神"，他们能隔三差五抓涨停，赚钱就像吃饭一样的简单，而这些所谓的"大牛"，绝大多数都是"事后诸葛亮"，是用 P 图、模拟盘的方式做出来的，或者他们每天推荐十来只甚至几十只股票，事后只宣传那些大涨的股票，而对其他的股票一概不提。他们的目的只有一个：骗人骗财！千万不要去相信！

8.2.2 广泛品读经典

炒股这行，真正的股市高手其实并不多。即使是股市高手，他们也大多低调、谦逊，极少抛头露面，从不对别人的操作指手画脚。因此，遇到并得到股市高人指点的概率非常低，但我们可以退而求其次，通过品读他们的著作、演讲、名言等方式，领略他们的智慧，学习他们的本领。事实上，但凡在股市中有所成绩的人，都非常重视品读股市经典书籍。"股神"巴菲特曾说："我主要的工作是阅读。"

品读股市经典书籍的好处是不言而喻的，不仅能够增加我们的股市知识，丰富我们的眼界，开拓我们的视野，还能不断提醒、告诫我们懂得放弃。下面这段对话很有哲理，我们慢慢细品！

有人问一位投资智者：您总是在学习，通过学习最终得到了什么？

投资智者回答：什么都没有得到。

再问：那您还学习做什么呢？

投资智者笑答：我失去了贪婪和恐惧，我失去了下跌的愤怒、买卖的纠结、行情判断的狭隘、对基金经理的指责、熊市的悲观和沮丧，失去了肤浅和短视，失去了一切投资的无知、股市消息的干扰和利空利好的障碍。

在这里，我们要特别注意"经典""品读""广泛"这三个关键词。

（1）关于经典。

回答"读什么"的问题。关于炒股的书太多太多，每一轮新的市场周期，都会诞生所谓新的专家，鼓吹股市新成功策略，出版新的书籍。但是，真正能够穿越时间周期、长盛不衰的股市书籍并不多。因此，我们一定要有所选择，不能去读那些泛泛而谈的股市书籍，一定要加以甄别。读经典一部胜读杂书百部，一本经典股市书往往凝练着作者全部的交易经历，折射出具有宝贵价值的交易思想。品读股市经典书籍，就相当于在读者与作者之间进行一场未曾谋面的对话交流，不仅可以使散户少走很多弯路，还相当于散户在与股市智者同行，跟随投资大师一起修行，影响的是思维方式，改变的是交易体系，培养的是大局观，股市进阶自然就快。国内期货实战派精英、《十年一梦》《澄明之境》的作者青泽在《投机者的扑克：操盘 18 年手记》推荐序中高度评价一本好书的功效："就像黑夜中一个独自赶路的行者，遇到一个同样匆匆行走的同道，那种结伴而行带来的温暖和安全感，有一种彼此心有灵犀的惺惺相惜"，总让人爱不释手，流连忘返，反复阅读，交易实践。

（2）关于品读。

回答"怎么读"的问题。我们阅读经典书籍，加上一个"品"字，所蕴含的内涵就截然不同，更能让我们每次都有所进步。这不仅需要我们设身处地去换位思考，结合自己的股市经历，去感受作者思维和方法的不同之处、高明之处，还需要我们拿出"笨"方法，即摘抄经典语句，常读、常思、常记、常背，去领悟作者的苦口婆心。有时候我们可以试着逼自己一把，把那些原来读不懂的投资书籍多看几遍，把以前看似读懂的投资书籍再读一读，也许会有原来如此、脱胎换骨、豁然开朗的感觉。比如，笔者对利弗莫尔在《股票大作手回忆录》中的"还有一些华尔街的呆子，他们不分时间，总觉得非做点交易不可。任何人都没有足够的理由每天买卖股票，自然也就没有任何人聪明得能使他的每次交易都赚钱"这些话，每次读都有不同的感觉和理解。

（3）关于广泛。

回答"读多少"的问题。散户往往没有读书的习惯，也没有读书的兴趣，一个月、几个月甚至一年都读不完一本书。但是，如果我们想在股市中成功的话，一定要强迫自己养成读书的习惯。当我们读完一本甚至几本书后，可能看不到效果，仍然找不到感觉，也不知道作者所表达的深邃思想，甚至产生放弃的想法。不要紧，这个时候一定要坚持，当读了 10 本、50 本、100 本的时候，效果就慢慢出来了，而当读 200 本以上时，就有一种截然不同的感觉。所有经典书籍都值得反复地读，常读常新。正如林语堂所言："同一本书，在人生的不同阶段去读，会获得不同的体会。"

除广泛阅读经典书籍之外，主流媒体的总结、股市"大咖"的演讲等也都属于"广泛阅读"的内容。2013 年 3 月 30 日《证券时报》刊登的陈宝林所写的《学会休息会走得更远》一文，值得我们好好品读。具体内容如下：

学会休息会走得更远

股市掘金，机会太多，没有人能保证抓住每一次机会，也没有人敢说从没有踏空过一次行情。赢了，不要贪婪，见好就收，落袋为安；错过一两次机会，也不要气馁，因为后面的机会多多。懂得休息、学会休息、善于休息，方能积蓄更多的正能量，让你的投资走得更稳、行得更远，成为最后的赢家。

要懂得休息。人的精力是有限的，我们不可能像个机器那样，高速不停地运转着，必须保持适当的休息。投资大师邦尼曾说过，在任何地方需要努力，唯独在股市就怕你勤奋，因为在牛市操作越多越容易失误。股市投资，需要的不是勤奋而是智慧，是好的理念、好的技术、好的心态。投资和其他的理财不一样，有其自身的内在运行规律，有其特殊性，急功近利不一定能成功，我们应该像猎人一样，学会耐心地等待机会，不见兔子不撒鹰，才能达到事半功倍之效。股市机会来了就多做做，抢抓机遇；没有机会就注意休息，养精蓄锐，等待下一波行情的到来。投资必须学会控制，尽量做到少些贪婪，少些错误。给自己定个原则，一到止盈点或止损点便果断卖出，高抛低吸，切不可追涨杀跌，这应该成为铁的纪律。

要学会休息。结网、晒网不是为了休息而休息，而是为了更好地捕鱼。同理，放弃一两次机会，错过一两波行情也不要难过，不要抱怨，休息一下，是为了积蓄更多能量，获取更大的收益。一不要太怕犯错。对散户而言，口袋里的钱真的是太少，经不起几番折腾，谁都怕犯错，尤其是致命的错误。股市中的不确定性因素太多，投资的过程就是一个不断犯错误的过程。有些错误早晚必定会犯，即使今天不犯，可能明天还会补上，重要的是不能犯致命的大错误。二不要总后悔。股市只以成败论输赢，没有后悔药，不相信眼泪，要么出局另起炉灶，要么稳坐钓鱼台等待时机，解决错误的办法不是后悔，是反思、是对策、是行动。三要放松心情。股市投资要的是结果，而不是过程；要的是成功的概率，而不是数量的多少。成天看盘，会被那忽上忽下的、那种过山车的行情搞得头脑发胀，心脏承受着巨大的压力，没有好的心理素质、没有好的身体条件也是枉然。

要善于休息。做到赚钱与休息同步收益，这才是真正的投资高手，也是投资的最好结果。一是不要满仓。像巴菲特那样，每次都是分期分批地建仓，留有余地，留有纠错的空间。二是尽量减少持股时间，跑赢时间的最好办法就是减少持股时间。三是适量持有手中的股票，时刻保持手里有足够的现金。

8.2.3 融会贯通知识

鲁迅先生在《给颜黎民君的信》中写道："只看一个人的著作，结果是不大好的：你就得不到多方面的优点。必须如蜜蜂一样，采过许多花，这才能酿出蜜来，倘若叮在一处，所得就非常有限，枯燥了。"炒股也是一样。事实上，在任何一个可以被称为复杂的系统中，任何单维度的思维方式都是有害的，每个事物都是一个多面体，用不同的学科思考模式去思考，便会得出不一样的答案，因此我们需要尽可能地广泛涉猎，掌握跨专业的知识，丰富我们的阅历，融会贯通各学科之间的基本原理，把握事物之间的共性和底层逻辑，以便我们从更高、更宽、更深、更广的角度去思考问题、去看透股市。

芒格是融会贯通各种知识的杰出代表，他完美地糅合历史学、心理学、生理学、数学、工程学、生物学、物理学、化学、统计学、经济学等学科的分析工具、方法和公式，形成了著名的"格栅理论"。格栅理论除帮助人们划分问题种类，有针对性地解决问题之外，还体现着发散思维、采用多种思维方式思考问题的思想。芒格认为："你必须知道重要学科的重要理论，并经常使用它们——要全部都用上，而不是只用几种。大多数人都只使用一个学科的思维模型，比如经济学，试图用一种方法来解决所有问题。"① 比如，我们看到一座桥，在数学思维中，我们可以去研究它的长、宽、高和造价情况；在物理学领域，我们可以研究它的稳定性与力学原理；在历史学思维中，我们也可以去研究它的历史；到了生物学领域，造桥的材料及分子构成便可以作为研究目标。

我们要做的，就是从股市之外去思考股市，跳出股市看股市，打通知识的任督二脉之后，在某个时刻突然就有一种茅塞顿开的感觉，大量零碎的片段、想法、知识点突然间被一根根无形的线索联系到一起，组成了一张全新的、庞大的网络，以前所有的疑难和困惑随着这张网络的建立全部烟消云散。普通散户很难达到那种境界，但是他们至少能够做的是努力去思考万事万物之间的联系和共通之处，这必将对炒股有莫大的裨益。

狼在捕捉猎物的过程中，会出现看似机会的机会，但是狼不会轻举妄动，不是最佳时间不会出击，一旦行动，必会一击毙命。猎豹也一样，尽管猎豹是世界上速度最快的动物，并能在平原上抓住任何动物，但是它在完全确定能抓住猎物之前会一直潜伏等待。它可能在树丛中藏身整整 7 天，等待正确的时机出现。它在等待幼小的羚羊或生病或跛脚的羚羊，只有在它不可能错失猎物时，才会发起进攻。从动物的习性中我们或许可以获得感悟：股市中在机会不好或没有机会的时候，要多多观察分析、忍耐和等待，一旦良机出现，就果断出击，一锤定音。

股市中有"抄底要抄第二底"的说法，也就是说股价首次见底不要急于买入，等待再次回踩形成双底之后再去买，这样抄底成功的概率大幅提高。

著名数学家亚伯拉罕·瓦尔德"二战"时一直在美军统计部门工作，有一次军方来找他，要求他看看飞机上的弹孔统计数据，在飞机的哪个部位加装装甲比较合适。瓦尔德拿到数据一看，引擎上平均每平方英尺有 1.1 个弹孔，机身 1.73 个，油料系统 1.55 个，其他部位 1.8 个。人们的惯性思维里觉得肯定是战机上弹孔越多的地方越应该加强防护，也就是机身和其他部位应该加装装甲才

---

① 考夫曼. 穷查理宝典：查理·芒格智慧箴言录（增订本）[M]. 李继宏，译. 北京：中信出版社，2016.

行。但是，瓦尔德的回答让军方大吃一惊，他认为飞机上最应该加装装甲的地方不是弹孔多的地方，而是弹孔少甚至没有弹孔的引擎。为什么会这样呢？瓦尔德的逻辑非常简单：飞机各部位中弹的概率应该是一样的，为什么引擎上会很少？引擎上的弹孔到哪儿去了？原来这些弹孔已经随着坠毁的飞机落到地面上去了！军方统计的只是返航的飞机，那些遭遇不幸的飞机被忽视掉了。

这就是统计学中著名的幸存者偏差理论，人们往往因为过分关注目前的人或物以及幸存的经历，而忽略了不在视野之内或者无法幸存的人或物，容易在不知不觉中犯下错误。我们忽视了坠毁的飞机，仅仅根据幸存返航的飞机来判断就会产生错误。其实股市里也是如此！很多人看到下跌就觉得是风险，觉得是坏消息，因为他们看到的只是表面，但其本质是机会。下跌其实是在释放风险，估值越低，机会其实越大。反之也一样。正因为大部分人停留在表面思维，看不到本质，所以大部分人是喜欢追高的，认为涨多了不是风险，从而导致高位接盘。

8.3 进阶：心态修炼

散户在掌握基本的股市知识、操作技巧之后，要在股市中更上一层楼，就离不开心态修炼。心态不好了，懂再多的道理和技术都没用。心态修炼的核心是耐心，耐心修炼是一个"实践、认识、再实践、再认识"循环往复以至无穷的过程，是一个逐渐领悟"慢就是快"、自觉践行"少即是多"的过程。

8.3.1 耐心是修心之魂

炒股，只是一种等待的艺术。股市大师都是忍者，耐心修炼是静心、信心、恒心、狠心的结合体，需要有精湛的技术、扎实的知识和丰富的经验做基础。

（1）耐心＝静心+信心+恒心+狠心。

耐心是静心、信心、恒心和狠心的结合体。

静心就是保持冷静的能力。当我们静下心来时，就会克服冲动交易，去探索股市运行的本质，去认识人性深处的"另一个自己"，或许一切就会豁然开朗。当处于牛市疯狂和熊市恐惧之巅时，静心更是难能可贵。

信心就是相信自己对股市走势的判断，知道什么是机会，什么不是机会，股价没有到底部区域时不买入，股价没到顶部区域时不卖出。

恒心就是一种耐得住寂寞的持久力。在没有大机会时，要做到轻仓甚至空仓，坚定地去等待机会来临，而不被股市的蝇头小利所诱惑。

狠心就是当机会来临时敢于出手，出重手。

（2）股市大师皆为忍者。

三分靠技术，七分靠心态。散户掌握股市图表技术、基本面分析方法，坚持顺势而为，就可以战胜90%以上的股民，在股市中赚点小钱问题是不大的。但是，股市中的"十八般武艺"毕竟都不过是一招一式而已，即使练得再精湛，也难以在股市中取得更大的成绩。笔者很认同这样的说法：炒股的技术和知识，也许学一两年时间就够了，但是要培养一个稳定、良好的心态，在修养和境界上达到高瞻远瞩、超凡脱俗，即使花上十年工夫也不算多。只有读懂、弄通耐心的惊人意义，才能熬得住。毕竟股市中真正赚大钱的时间只有5%，95%的时间都是熬。事实上，股市"牛人"都是忍耐高手，他们克服贪婪、恐惧等人性固有的弱点，能够耐心等待确定性较高的上升趋势来临，做到"不见兔子不撒鹰"；他们能够耐心持有，不为短期的行情波动所扰，不会因主力的洗盘震荡而"下车"；他们能够忍受空仓、轻仓的痛苦和煎熬，不为小反弹而心动，耐心等待下降趋势的结束。与此截然不同的是，散户在人性驱使下，赚的时候总想多赚点，亏的时候总想回本，重仓、满仓频繁操作，甚至随意操作。做了基本面分析的功课后，不耐心等待市场"点火"的机会和技术面发出的买入信号就迫不及待地出手，往往就是买早了，还需要经历较长时间的等待；往往看对了也买了大牛股，但结果是只赚了蝇头小利，不是提前"下车"就是"坐过了头"，也可能是仓位太轻，不敢重仓。因此，真正能够做到"忍"的散户，恐怕只能用"凤毛麟角"来形容。

（3）没有基础的耐心修炼终究是空中楼阁。

虽然耐心修炼与图表技术、基本面知识、大势判断没有绝对的先后顺序，但是没有股市技术、知识尤其是炒股经验做基础的耐心修炼，很难在耐心修炼的道路上一帆风顺。

我们经常会遭遇这样的情形：对买入的股票，总是不放心，提心吊胆，一有风吹草动就容易胡乱操作；上涨的股买少了或者早早卖出，下跌的股票没卖掉或者重仓，震荡的股没有"T"操作；对不怎么看好的股票，赚点小钱就赶紧卖出，生怕吐回去，结果是卖出之后就大涨。正如无门问禅在《一剑封喉：一位民间高手的股道笔记》中所写：技术与逻辑是炒股必经阶段，没有这个阶段，讨论心法也是空洞的。凡是执于技术（套路）与逻辑（思维）的，虽然能在市场中生存，趋势好时也能赚不少，但是终归是走不远的。

8.3.2 领悟"慢就是快"

我们生活在一个快节奏的社会，很多人心浮气躁，总想追求"短、平、快"（周期短、投资少、见效快）带来的即时利益，早已把"欲速则不达""财不入急门""心急吃不了热豆腐"等智慧抛在脑后。股市是生活的一部分，在这种生活环境和思维方式下，散户炒股往往最容易受伤，90%的散户看不起8%、10%、15%的年化收益率，喜欢高抛低吸做差价，投机倒把赚快钱。而实际的结果是，"没有买卖就没有伤害"，越想赚快钱，追求短期暴富，就越容易事与愿违，股票账户就越容易快速缩水。这就需要我们"慢下来"，静下心来领会"慢"背后的强大力量。

（1）树立正确的目标。

炒股最忌讳的是暴富心态，散户千万不能被各种网络媒体吹捧的短期翻1

倍、5 倍、10 倍暴利的话语带偏了。如果炒股目标好高骛远、不切合实际、无法落地，就会随波逐流到自己绝不希望的境地。因此，我们要对自己炒股收益的预期目标有一个比较清醒的认识，降低短期暴富的盈利预期。让我们来看看全球顶级投资大师职业生涯收益率排行榜：西蒙斯管理的文艺复兴基金在 1989 ~ 2009 年的年化收益率约为 35%；罗伯逊管理的老虎基金年化收益率约为 31.7%；索罗斯管理的量子基金年化收益率约为 30%；林奇管理的温莎基金年化收益率约为 29%；巴菲特管理的伯克希尔哈撒韦年化收益率约为 22%。

当我们得知全球顶级投资大师的年化收益率时，我们或许会对之前的超高收益预期有一个反省，降低我们股市的收益目标。

此外，复利及复利思维对我们正确目标的树立也是极有裨益的。复利简单的讲就是"利滚利"，其计算公式为：

$$F = p \times (1+i)^n$$

其中：F 为终值（Future Value），即 n 期末的资金价值或本利和；p 为现值（Present Value），即现在的资金价值或本金；i 为复利率；n 为计息周期数。式中 $(1+i)^n$ 为复利终值系数，可通过复利终值系数表查得（见表 8-1）。

表 8-1　复利终值系数表

复利率（i）期数（n）	5%	10%	15%	20%	25%	30%
1	1.05	1.1	1.15	1.2	1.25	1.3
5	1.2763	1.6105	2.0114	2.4883	3.0518	3.7129
10	1.6289	2.5937	4.0456	6.1917	9.3132	13.7858
15	2.0789	4.1772	8.1371	15.407	28.4217	51.1859
20	2.6533	6.7275	16.3665	38.3376	86.7362	190.0496
25	3.3864	10.8347	32.919	95.3962	264.6978	705.641
30	4.3219	17.4494	66.2118	237.3763	807.7936	2619.9956

从表 8-1 可以得出：假设年收益率仅为 5%，在 30 岁投入股市 10 万元，到 60 岁退休的时候也只有 43.22 万元；如果年收益率提高到 10%，那么退休时就

有 174.49 万元。虽然年收益率只比原来翻了 1 倍，但是最终回报翻了 4.04 倍。如果年收益率能达到 30%，那么 10 万元的本金在 30 年后将是 2.62 亿元的天文数字。很多散户追求"十年 10 倍"，也就是说假如他有 10 万元，希望十年后达到 100 万元，二十年达到 1000 万元，三十年达到 1 亿元，那么只需要做到年化收益率为 25.89% 就可以实现。当然，这种可能性是极低的，"股神"巴菲特累计四十年的复合收益率也只有 22% 左右。

复利思维告诉我们，与其追逐小概率的投资取得大成功，不如追求大概率的小成功，积少成多，假以时日就能获得比较大的成功。对散户而言，比较实际而又可行的是，追求合理的年化收益预期，比如，跑赢通货膨胀率，超过同期存款利率，高于理财收益，然后借以复利实现长期的高收益。

当然，不同散户群体的收益要求是有差异的。股市新手不亏就是赚；对拥有一笔长期不需要动用的中产而言，获得 5% 以上的年化收益率是比较可行的；对拥有丰富股市经验的散户而言，可能年化 15% 以上收益率水平才是其所要求的。此外，散户的年化目标也要与股市大环境相匹配，比如在 2008 年、2015 年熊市中实现 15% 以上的目标也不太适宜。

（2）避免大起大落。

让复利产生奇迹作用的一个重要前提是时间因素。时间，也就是可持续性，要求我们避免股市收益的大起大落，规避一切可能带来重大亏损和不可持续的投资行为。否则，结果会完全出乎意料。如果一个人有 100 万元，第一年赚 40%，第二年亏 20%，第三年赚 40%，第四年亏 20%，第五年赚 40%，第六年亏 20%，第七年赚 40%，第八年亏 20%，第九年赚 40%，第十年亏 20%，最后他的总资产是 176.2 万元，十年的年化收益率仅为 5.83%，这比十年期凭证式国债票面利率还低，甚至可能还不如存银行十年定期划算。

在股市中有一句话："一年三倍者众，三年一倍者寡。"短期看，不少人通过抓到牛股可以实现很高的收益，而拉长时间看，做个十年、二十年，能每三年赚 1 倍、十年赚到 10 倍的人属凤毛麟角。这主要因为保持连续的盈利，尤其是较高收益的利润是极其困难的。绝大多数股民的境遇是阶段性的盈利，而后又阶段性的亏损，最终结果是微利甚至亏损。所以，股市中最大的进步就是不退步，散户要摒弃那些盈利概率不大的交易，对大概率盈利的交易也要做好应急预案，坚决不满仓，尽量避免投资收益的大幅回撤。

8.3.3　践行"少即是多"

"少即是多"本质是知轻重、懂取舍。在股市中，到处充满机会、充满诱惑，也充满陷阱，一定要学会抵御诱惑，舍得放弃一些机会，一定要明白抓大机会才能赚大钱。除了大机会，其他都可以忽略不计。投资大师的经验告诉我们，投资成功的核心不是去试图抓住所有的机会，而是耐心等待。当大机会来临时，就要果断出击，一锤定音，把机会用到极致，做到"不鸣则已，一鸣惊人"。这样的交易效果，远比每次浅尝辄止要好得多。事实上，股市中真正重大的投资机会，我们一生中能遇到的次数真心不多。真正增加股市账户资金的投资机会，往往来自极少数的几次交易。但是，散户要在股市中做到"少"，有一个循序渐进的过程，以下三点可能有所裨益：

（1）距离产生理性。

人是很难摆脱情绪控制的。研究表明，情绪往往跟着价格变化而变化。如果价格上升，感觉它应该继续上升；如果价格下跌，感觉它也应该继续下跌。这无论对散户还是高手都适用，唯一的差异是职业投资者能够保持冷静[①]。散户往往离行情太近，每天盯着盘面，被盘面的走势所左右，容易杯弓蛇影，失去应有的理智，总想跟着盘面走势追涨杀跌，做好的交易计划难以执行。如果遇到股灾，则更是茶饭不思、心事重重。散户近距离接触股市形成的伤害真是太大了！因此，散户修炼耐心，践行"少"的理念，首先是要与股市保持一定的距离。

与股市保持距离的方法是多种多样的。例如：刚开始修炼耐心时，强迫自己一周甚至一个月不看股票或者不交易股票；当大盘短期、中期、长期均线共振下

---

① 拉斯·特维德. 金融心理学［M］. 周为群，译. 北京：中信出版社，2013：199.

行时，强迫自己将仓位降低至三成仓以下，甚至空仓；当近期暴涨的热点板块某日出现 3 只以上个股大跌 8% 以上时，强迫自己短期内不碰该板块任何个股。具体采用什么方法，要根据每个人的实际情况来定，炒股关键是要有"距离感"、"休息区"和"静心期"。如此，散户就可以对泛滥成灾的海量信息做出客观判断，就可以全身心倾听来自内心深处的声音，就可以有更多时间去品味股价走势的艺术特质，就可以深入理解公司生产经营和经济发展规律，就可以大大减少做出自己都觉得无法相信的交易决策。正如华尔街著名的投资大师索罗斯所说："只有远离市场，才能更加清晰地看透市场，那些每天都守在市场的人，最终会被市场中出现的每一个细枝末节所左右，最终就会失去了自己的方向，被市场给愚弄了。"

（2）培养自律习惯。

如果说与股市保持适当的距离是抵制股市诱惑、修炼耐心的初级手段和物理方法，那么养成自律的习惯是股市修炼耐心的高级阶段。自律习惯的培养和形成是一个由机械的外力作用上升到内在的自觉过程，对于股市业绩的提升效果更好。自律与不自律的股民，炒股的结果天差地别；一个人在股市中有多自律，他在股市投资里就有多成功，就会创造无限的可能性。由于人类本性中存在懒惰、放纵的基因，因此做到自律需要我们具备强大的心理控制能力和刻意练习。例如，当我们的股票交易系统发出卖出信号时，哪怕有再多的利好消息，再多的人、再权威的专家看多，我们也只能选择卖出。刚开始时，我们可能无法完全遵循交易计划，这时需要记录下没有执行计划的原因，尤其是内心的思考，不断地去回忆、去复盘，直至克服冲动，回归理性，遵循计划。除在股市中锤炼自律品性之外，我们还需要在日常生活当中有意识地培养自律性格。例如，坚持每月至少看一本书，坚持每周至少锻炼两次身体，坚持每天看短视频不超过 30 分钟等。正如巴菲特所说："一个在小事情上节制的人同样无法在大事情上无法节制。"

（3）放大格局看势。

格局决定结局。格局小的股民每天都被各种利好利空消息所折磨，把在股市赚点生活费作为目标，为短期波动所扰，经常涨喜跌悲，在交易中表现为轻仓交易、分散交易、赚点小钱就落袋为安、被套了就死扛。这类散户短期内有输有赢，如果碰到熊市就会大亏，遇到牛市也会赚钱，但时间长了就会遭遇频繁交易的陷阱——做得越多亏损越大，即使碰上大牛市也会与其失之交臂，最终跑不赢大盘，赚不了大钱。事实上，散户都会经历这一阶段，利弗莫尔炒股初期也是如此，他曾说过："我发现，尽管我经常百分之百正确地判断股市行情和走势，却也并未因此赚到足够多的钱。"

反过来，当我们在股市中有了大格局，就会跳到一个更宽广的维度，站在更高的地方去看股市，做到宠辱不惊，机会来临的时候敢于重拳出击。

曾经有这样一篇文章在证券市场上流传，部分内容如下："如果你站在轮船上看大海，也许海面波涛汹涌；如果你站在灯塔上看大海，也许海面波光粼粼；如果你坐在飞机上看大海，也许海面风平浪静；如果你站在太空看大海，也许海面会是一块镜面。"同样是大海，由于站立的位置不同，结果完全不同。该文章继续分析说，回到证券市场上，股市的走势也是一样：如果我们看几天的股市，会感到它波动剧烈；如果我们把 K 线调成周线图，那么这几天的波动又是那么正常；如果我们把图形压缩后看一年的变化，也许会觉得那几天波动平稳；如果我们压缩图形后看几年的走势，也许曾经让我们感觉波动剧烈的那几天的图形已经显得非常平稳了，曾经让我们心有余悸的波动其实微不足道。角度不同，视野不同，结论亦不同。当我们放大格局之后，就会发现股市并没有那么复杂，股市涨跌也总有规律，股市涨不到天上去，股市的天也塌不下来。

参考文献

［1］魔力理财. 白话 A 股："段子手"股民的忏悔录［M］. 北京：中国经济出版社，2019.

［2］张化桥. 避开股市的地雷［M］. 北京：中国人民大学出版社，2012.

［3］霍华德·M. 施利特，杰里米·佩勒，尤尼·恩格尔哈特. 财务诡计：如何识别财务报告中的会计诡计和舞弊［M］. 续芹，陈柄翰，石美华，等，译. 北京：机械工业出版社，2019.

［4］梁宇峰，吴慧敏. 常识的力量［M］. 北京：中信出版社，2021.

［5］班尼特·A. 麦克道尔. 操盘手的资金管理系统：锁定利润规避破产风险［M］. 张轶，译. 太原：山西人民出版社，2020.

［6］陈江挺. 炒股的智慧：在华尔街炒股为生的体验［M］. 合肥：安徽人民出版社，2010.

［7］陈江挺. 炒股的智慧：在华尔街炒股为生的体验［M］. 北京：商务印书馆，2019.

［8］薛云奎. 穿透财报：发现企业的秘密［M］. 北京：机械工业出版社，2018.

［9］青泽. 澄明之境：青泽谈投资之道［M］. 北京：北京联合出版公司，2017.

［10］任泽平．大势研判：经济、政策与资本市场［M］．北京：中信出版社，2016．

［11］拉赛尔·纳皮尔．大熊市启示录：百年金融史中的超级恐慌与机会［M］．张昊，译．北京：机械工业出版社，2019．

［12］谢士杰．读懂财务报表看透企业经营：案例分析+实务指引［M］．北京：人民邮电出版社，2016．

［13］虚舟．复盘：解决人生问题的自我引导法则［M］．青岛：青岛出版社，2021．

［14］邱昭良．复盘+：把经验转化为能力（第3版）［M］．北京：机械工业出版社，2018．

［15］奈特．高胜算形态交易［M］．何瑞卿，译．太原：山西人民出版社，2016．

［16］利弗摩尔．股票大作手回忆录［M］．荣千，译．上海：立信会计出版社，2016．

［17］迈克尔·希恩．股票基本面分析清单：精准研判股价的底部与头部［M］．邵倩，译．北京：中国青年出版社，2019．

［18］马克·米勒维尼．股票魔法师：纵横天下股市的奥秘［M］．张泂，译．北京：电子工业出版社，2015．

［19］马克·米勒维尼．股票魔法师Ⅱ：像冠军一样思考和交易［M］．张泂，马斐儿，译．北京：电子工业出版社，2018．

［20］马克·米勒维尼．股票魔法师Ⅳ：赢家法则［M］．张泂，马斐儿，译．北京：电子工业出版社，2022．8

［21］帕特·多尔西．股市真规则（畅销版）［M］．司福连，刘静，译．北京：中信出版社，2018．

［22］伊恩·墨菲．股市交易之道：交易艺术与技术的完整指南［M］．马林梅，译．北京：中国青年出版社，2020．

［23］彭道富．股市极客思考录：十年磨一剑之龙头战法揭秘［M］．深圳：海天出版社，2015.

［24］彭道富．香象渡河：龙头战法逻辑探究与案例分析［M］．上海：上海财经大学出版社，2019.

［25］迈尔斯．股市心理学（第二版）［M］．虞海侠，译．北京：中信出版社，2010.

［26］刘锐．股市投资交易心理学［M］．北京：人民邮电出版社，2020.

［27］沃尔特·迪默，苏珊·克拉金．股市奇才：华尔街50年市场智慧［M］．闫广文，译．北京：机械工业出版社，2020.

［28］张化桥．股民的眼泪［M］．北京：中国人民大学出版社，2017.

［29］胡斐．股票操盘宝典——判大势、定思维、入牛股［J］．北京：经济管理出版社，2016.

［30］黎航．股市操练大全（特辑）［M］．上海：上海三联书店，2017.

［31］李杰．股市进阶之道：一个散户的自我修养［M］．北京：中国铁道出版社，2014.

［32］马丁·舒华兹．交易冠军：一个天才操盘手的自白［M］．王正林，王权，译．北京：中国青年出版社，2012.

［33］布彻．交易的艺术：超级操盘手的交易体系与忠告［M］．冯婕，高嘉勇，译．北京：人民邮电出版社，2016.

［34］江恩．江恩华尔街45年［M］．荣千，译．上海：立信会计出版社，2016.

［35］杰克·D.施瓦格．金融怪杰：华尔街的顶级交易员（典藏版）［M］．戴维，译．北京：机械工业出版社，2018.

［36］拉斯·特维德．金融心理学［M］．周为群，译．北京：中信出版社，2013.

［37］安德斯·艾利克森，罗伯特·普尔．刻意练习：如何从新手到大师

[M]. 王正林，译. 北京：机械工业出版社，2016.

[38] 邱金辉. 看透股市：让图表告诉你一切 [M]. 上海：上海财经大学出版社，2011.

[39] 安娜·库林. 量价分析：量价分析创始人威科夫的盘口解读方法 [M]. 肖凤娟，译. 北京：中国青年出版社，2016.

[40] 凌波. 量价时空 [M]. 天津：天津人民出版社，2021.

[41] 贫民窟的大富翁. 理性的投资者：一个散户对股市的另类思考 [M]. 北京：中国铁道出版社，2021.

[42] 夏立军，李莫愁. 价值投资者的财报分析 [M]. 北京：机械工业出版社，2021.

[43] 张延昆. 静水流深：深度价值投资札记 [M]. 北京：机械工业出版社，2019.

[44] 白青山. 民间股神 [M]. 深圳：海天出版社，2010.

[45] 白青山. 民间股神之冰海奇迹 [M]. 深圳：海天出版社，2020.

[46] 王德伦，王亦奕，张日升，等. 牛市简史：A 股五次大牛市的运行逻辑 [M]. 北京：机械工业出版社，2020.

[47] 黄圣根. 期货投资的艺术：在不确定性中寻找确定性 [M]. 北京：机械工业出版社，2012.

[48] 杨楠. 情绪流龙头战法 [M]. 北京：企业管理出版社，2020.

[49] 考夫曼. 穷查理宝典：查理·芒格智慧箴言录（增订本）[M]. 李继宏，译. 北京：中信出版社，2016.

[50] 李迅雷. 趋势的力量 [M]. 北京：中信出版社，2021.5

[51] 理查德·D. 威科夫. 威科夫股票日内交易的秘密：顶级交易员深入解读 [M]. 魏强斌，译. 北京：经济管理出版社，2019.

[52] 黑泥. 我是散户，我就是这样赚钱：一位老股民十三年炒股日记 [M]. 北京：电子工业出版社，2011.

［53］克里斯托弗·迈耶．如何找到 100 倍回报的股票：基于 365 只 100 倍股的研究结果［M］．王汀汀，译．北京：中国青年出版社，2018．

［54］尼森．日本蜡烛图技术：古老东方投资术的现代指南［M］．丁圣元，译．北京：地震出版社，1998．

［55］尼森．日本蜡烛图技术新解［M］．梁超群，陈辉，译．北京：机械工业出版社，2011．

［56］但斌．时间的玫瑰：全新升级版［M］．北京：中信出版社，2018．

［57］叶修．深度思维：透过复杂直抵本质的跨越式成长方法论［M］．北京：天地出版社，2018．

［58］本·卡尔森．投资者的心灵修炼［M］．罗桂连，张燕，宋娜，译．北京：机械工业出版社，2017．

［59］冯涛．透析财报挖掘十倍牛股［M］．北京：机械工业出版社，2015．

［60］扁虫鱼．投机者的扑克：操盘 18 年手记［M］．北京：机械工业出版社，2014．

［61］那一水的鱼．投资第一课［M］．北京：中国经济出版社，2015．

［62］丁圣元．投资正途——大势·选股·买卖［M］．北京：地震出版社，2008．

［63］邱国鹭．投资中最简单的事［M］．北京：中国人民大学出版社，2014．

［64］霍华德·马克斯．投资最重要的事［M］．李莉，石继志，译．北京：中信出版社，2015．

［65］荀玉根．荀玉根讲策略：少即是多［M］．北京：机械工业出版社，2021．

［66］詹姆斯·蒙蒂尔．行为投资学手册：投资者如何避免成为自己最大的敌人［M］．王汀汀，译．北京：中国青年出版社，2017．

［67］威廉·欧耐尔．笑傲股市［M］．宋三江，王洋子，韩靖，等，译．北

京：机械工业出版社，2018.

[68] 埃尔德. 以交易为生（珍藏版）［M］. 符彩霞，译. 北京：机械工业出版社，2010.

[69] 亚历山大·埃尔德. 以交易为生Ⅱ：卖出的艺术［M］. 马福云，译. 北京：机械工业出版社，2013.

[70] 杨天南. 一个投资家的 20 年［M］. 北京：机械工业出版社，2016.

[71] 陈逢元. 一位股票投资家的良知：我为何放弃技术分析［M］. 北京：机械工业出版社，2014.

[72] 斯泰恩. 100 倍超级强势股［M］. 谭浩，译. 广州：广东经济出版社，2015.

[73] 拉里·威廉斯. 择时与选股［M］. 朱振坤，柴毓，译. 北京：机械工业出版社，2016.

[74] 李晓伟. 中国股市 20 年投资智慧［M］. 北京：电子工业出版社，2011.

[75] 袁幼鸣，文玮玮. 战胜政策市：A 股套利秘诀十日谈［M］. 杭州：浙江大学出版社，2010.

[76] 只铁. 战无不胜：不胜不战［M］. 北京：地震出版社，2016.

[77] 燕翔，战迪. 追寻价值之路：2000—2017 年中国股市行情复盘［M］. 北京：经济科学出版社，2019.

[78] 西点老 A. 专注投资：迈向安心投资之路［M］. 北京：中国经济出版社，2015.

[79] 霍华德·马斯克. 周期［M］. 刘建位，译. 北京：中信出版社，2019.

后　记

本书可以用"浓缩之书""经验之书""有用之书""财富之书"四个词语十六个字来概括其特色。

（1）浓缩之书。本书第一大特色是浓缩之书，是集成之作。笔者对市场上主流的股市书籍几乎均有涉猎，很多书不管用，甚至买来也是浪费金钱、浪费时间。笔者去粗取精，秉持"读书就要读好书"的理念，将自己所学、所想、所思的多学科、跨领域的知识浓缩及综合在一起，给读者提供一份指南或方向标，为其指出股市进阶的正确方向。这相当于让读者在起步上就快人一大截，站在巨人的肩上前行，读者可以读到精华，领悟精髓，加快学习过程。

（2）经验之书。本书是笔者十几年如一日在股市中摸爬滚打、长期修炼身心的经验之谈，融入了对 A 股的理解、对经济的认知、对人生的感悟。每敲一个字都是对过去的回忆，读者或许会对书中内容有似曾相识的感觉，找到共鸣，挖出隐藏在字里行间的他山之石。笔者深知炒股这行如同其他行业一样，并不是每一个人都适合进入，故率先提出有三类人不适合炒股。书中贯穿了笔者所推崇的"四个始终"理念，即始终强调风险、始终强调概率、始终强调大局、始终强调修炼。

（3）有用之书。本书始终站在散户的角度，为散户代言，为散户赋能，以有用为最高准则，从提高认知、构建系统、研判大势、寻找牛股、提防地雷、夯实能力圈、修心养性等角度做了全方面、系统性的阐述，归纳了散户容易犯的错误、常见的重点难点，直接回答了"买什么、何时买、买多少；何时卖、卖什么、卖多少；学什么、向谁学、怎么学"等股市中常见的疑难问题，力争做到拿来可用、用之盈利。

（4）财富之书。笔者始终认为，金钱只是财富的一部分，股市不是生活的全部。股市的赢家，归根结底是赢在股市之外。在股市之外，散户要培养自律习惯、建立大局观，从生活中吸取营养和力量。当然，炒股之路不是单单几句话就可以讲透的，还得靠读者自身的努力，用心去体会、去领悟、去思考、去积累，这一过程注定是艰难的，但结果也是光明的！

感谢出版社在本书出版过程中给予的帮助，感谢家人的理解，让我腾出时间来思考成书。由于笔者水平有限，编写时间仓促，因此书中错误和不足之处在所难免，恳请广大读者批评指正。

邓平

2023 年 11 月 28 日